개인기도 | 중보기도

응답받는 축복기도문

머리말

　기도의 의미를 알지 못했던 시절에는 머리를 숙이고 입을 열면 2~30 분이 금방 지나갔다. 시시콜콜한 것들을 입에다 주워 담았으니까. 그렇게 해야 기도를 한 것 같았고 마음이 놓였다. 그런데 사실, 그것은 기도가 아니었고, 그때의 기도가 응답되어 살아간 것도 아니고, 하나님께서 은혜를 베풀어 주셔서 살아왔다.
　하나님께서 그의 자녀에게 주신 것은 말씀이다. 내가 그분에게 자녀라는 증거는 주신 말씀으로 지내는 것이다. 그 지냄에서 성령님의 강권에 반응하며 순종하겠다는 결단이 기도이다. 따로 요청을 드리지 않아도 하나님께서는 나에게 필요한 것들, 있어야 될 것은 이미 다 주셨다. 하나님은 나의 아버지이시니까.

　그렇다고 기도를 하지 않아도 될까?
　아버지께서 나에게 다 주셨으므로, 주셨음에 반응해야 된다. 드릴 말씀이 떠오르지 않는다면 한 마디의 언어로라도 감사를 표시해야 한다. 그것이 기도이다. 식탁에 앉으면 상차림이 있는 것처럼, 하나님은 아버지로서 매일, 매일 상을 차려 주신다. 내 앞에 차려진 상은 나에게 기도가 되어야 한다. 베풀어 주신 것들에 감사하면서 수저를 들어야 하기 때문에.
　이 책에서는 우리가 기도해야 될 것들의 목록을 제시하려 하였다. 자신의 기도에 참고하여 삶에 대한 반응으로 지내시기를 축복한다.

Contents _ 목차

머리말 / 3
기도하는 순서 / 6

Ⅰ. 너희는 먼저

01. 신앙의 성숙을 위하여 …………………… 10~20
02. 거룩한 하루를 위하여 …………………… 21~31
03. 심령의 회복을 위하여 …………………… 32~42
04. 영성에 순종하기 위하여 ………………… 43~53
05. 전도 대상자를 찾기 위하여 …………… 54~64
06. 태신자를 위하여 ………………………… 65~75
07. 새신자를 위하여 ………………………… 76~86

Ⅱ. 그리하면 너희에게

08. 복 있는 삶을 위하여 …………………… 88~98
09. 생활을 바로하기 위하여 ………………… 99~109
10. 위기에서 소생을 위하여 ………………… 110~120
11. 매일의 채워주심을 위하여 ……………… 121~131
12. 가난함에서 부요를 위하여 ……………… 132~142
13. 질병에서 견딤을 위하여 ………………… 143~153
14. 가정-자녀를 위하여 …………………… 154~164

III. 이 모든것을

15. 교회 공동체를 위하여 ·················· 166~176
16. 교우의 가족행사를 위하여 ·················· 177~187
17. 낙심된 교우를 위하여 ·················· 188~197
18. 환난중의 교우를 위하여 ·················· 198~208
19. 가난해진 교우를 위하여 ·················· 209~219
20. 병상의 위급한 교우를 위하여 ·················· 220~230
21. 소천-장례예식을 위하여 ·················· 231~242

V. 더하시리라

22. 나라와 사회를 위하여 ·················· 244~254

1) 화목하고 평안한 나라
2) 나라에 봉사하는 대통령
3) 위정자들의 국가를 위한 헌신
4) 공무원들의 청렴과 겸손
5) 민족의 복음화
6) 정직하고 공의로운 사회
7) 분단된 남북의 통일
8) 공공시설의 보호
9) 부정과 불의가 없는 사회
10) 나라를 사랑하는 백성들
11) 국민의 하나 된 단결

* 기도하는 순서

1. 하나님께의 영광을 구하라.
　　하나님께 영광을 드리는 간구는 기도에서 빼놓을 수 없는 중요한 요소다. 기도의 신학적인 본질은 하나님을 찬양하고 그의 영광을 높이는 일에 있다. 하나님께서 세상을 창조하시고 권고하시는 중에 나타내시는 것과 성경 말씀가운데 분명하고 완전하게 나타내신 영광과 완전하심을 존중하는 간구를 한다. 기도는 인간의 간구와 하나님의 영광과 그의 나라를 위한 찬양과 감사로서의 영광의 찬양이 포함된 것이라 할 수 있다.

2. 베풀어 주신 은혜에 감사하라.
　　우리는 나의 소용되는 것을 구하기 전에, 하나님께서 주신 각양의 은혜를 감사해야 한다. 보통 은혜와 특별 은혜와 신령적인 은혜와 육체적 은혜와 단체적 은혜와 개인적 은혜를 감사하는 간구를 한다.
　　이때, 모든 은혜 위에 초월한 은혜 곧 말할 수 없는 선물이 되신 예수 그리스도와 그로 말미암아 영생의 소망을 얻는 것과 성령을 보내주심과 성령의 역사하시는 것을 크게 감사하는 간구를 한다.

3. 죄에 대하여 상한 심령이 되어 자복하라
　　원죄와 자기 범행한 죄를 자복하되, 죄는 그 성질이 하나님에게 분리되는 것이므로 심히 악한 것으로 깨닫고, 또한 죄의 뿌리에서 나는 각 죄에 대하여 회개하고 용서를 구해야 한다.
　　여기에서, 중점적으로는 하나님을 거역하는 죄와 이웃에게 손해를 끼친 죄와 자기를 해하는 죄와 생각과 말, 행동으로 범하는 죄와 은밀한 죄와 참람한 죄와 우연히 범하는 죄와 습관으로 범하는 죄며 또 죄에 죄를 더하는 것에 대한 간구를 한다.

4. 나의 원함을 구하라.

'지금, 여기에서' 살아가는 데 소용되는 것들을 구한다. 성령님께서 내 마음에 감동해 주시는 그대로의 것을 가지고 간구한다. 성령님께서 내 마음을 주장하신다는 확신이 있다면, 마음에 떠오르는 것이 무엇이든지 구한다. 하나님께서는 응답해 주시려고 내게 소원을 갖게 하시는 것이다.

5. 다른 사람을 위하여 간구하라.

다른 사람, 하나님께서 나의 이웃으로 주신 이들을 위하여 간구한다. 그리고 세계의 모든 인류를 위하여 기도하는 것도 바람직하다. 모든 인류에게 성령을 부어 주실 것과 하나님의 교회의 화평과 정결과 흥왕함을 위하여 기도하며 여러 목사와 각처에 있는 선교사를 위하여 기도한다. 나아가 의를 인하여 핍박을 받는 모든 사람과 비참한 사정을 당한 사람과 가난하고 궁핍한 자와 나그네들을 위하여 기도한다.

6. 간구를 마친 후에는 응답을 기다려라.

남의 집을 방문해서 문을 두드렸을 때, 주인이 나오기를 기다리는 심정으로, 하나님의 응답에 주목해야 한다.

1_ 너희는먼저

01. 신앙의 성숙을 위하여
02. 거룩한 하루를 위하여
03. 심령의 회복을 위하여
04. 영성에 순종하기 위하여
05. 전도대상자를 찾기 위하여
06. 태신자를 위하여
07. 새신자를 위하여

01 | 신앙의 성숙을 위하여

01 _ 주님 안에서 즐거움

하나님 아버지,

가지가 나무에 붙어 있어야 하듯이, 우리 예수님께 붙어 있기를 원하셨던 주님의 마음을 묵상합니다. 성령님께서 임하셔서 생각과 마음을 주님께 집중하고, 하나님의 말씀을 마음에 간직하게 하시옵소서.

하나님의 말씀으로 살아가기를 소원하는 은혜를 주시옵소서. 제가 마음으로 원함이 많았음에도 이루어짐이 없었던 것은 주님과 하나 됨에 부족하였음을 깨닫습니다. 나무에 붙어 있는 가지에서 열매를 맺는 것처럼 저의 삶이 주님께 붙어있도록 해 주심을 빕니다.

늘 성령님의 충만하신 은혜로 주님과의 풍성한 교제를 누리게하시며 하나님께서 자기 백성에게 신실하시듯이, 저 또한 자녀로서 하나님 아버지께 신실하게 하시옵소서. 한 번도 저를 실망시킨 적이 없으신 하나님께 실망을 드리지 않게 하시옵소서.

하나님을 사랑하셨던 주님의 마음을 저의 것으로 삼게 해 주시기를 빕니다. 하나님을 마음을 품으셨던 주님의 마음을 저에게 주시옵소서. 주님께서 사셨던 삶을 본으로 받게 하시옵소서. 주님께서 행하셨던 그대로 따르기를 좋아하게 하시옵소서. 저의 입술의 말과 행동도 주님의 것이 되게 하시옵소서.

예수님의 이름으로 기도드립니다. 아멘.

02 _거듭난 성도의 삶

하나님 아버지,

제가 예수님과 함께 죽어 장사되게 하셨음에 감사드립니다. 죄의 사람은 죽고, 의의 사람으로 살게 하셨음에 감사드립니다.

이 시간에, 주님께서 하나님 아버지의 영광으로 부활하심의 은혜가 저에게 있기를 소망합니다. 이로써 새 생명 가운데 살게 하시는 은혜를 바라보게 하시옵소서.

주님과 함께 죽음을 경험하게 하셨으니, 그 은혜로 주님의 부활에 참여하게 하심에 감사드립니다. 주님의 부활의 생명이 저의 안에도 역사하게 하시옵소서. 부활의 생명으로 말미암아 새 생명으로 살게 하시옵소서. 성령님의 충만하심으로 새 생명의 삶을 살게 하시옵소서. 주님 안에서 새로운 피조물이 되게 하셨음에 찬양을 드립니다.

오늘도, 새 생명 가운데서 거듭난 삶을 살기를 소망하게 하시옵소서. 세상의 여러 가지 미혹에 이끌려 마음을 내어주지 않게 하시옵소서. 오직 주님의 은혜 안에서 살아가도록 이끌어 주시옵소서.

하나님의 아들을 믿는 것에 열심을 내게 하시옵소서. 하나님을 아는 일에 열심을 내게 하시옵소서. 온전한 사람을 이루어 주님의 장성한 분량이 충만한 데까지 이르게 되는 은혜를 내려 주시옵소서.

예수님의 이름으로 기도드립니다. 아멘.

03 _삶의 최우선이 되는 예배

하나님 아버지,

하나님을 찾게 해 주시니 감사드립니다. 이 시간에, 하나님을 아버지라 부르게 하셨음에 감사드립니다. 날마다 하늘의 은혜로 새롭게 하시고, 하나님의 나라를 바라보게 하셨음을 즐거워합니다.

여호와 앞에서 예배를 즐거워하게 해 주심을 빕니다. 날마다의 삶에서 예배를 생활의 중심에 두게 하시옵소서. 새벽의 시간에 하나님을 찾아 예배하기를 기뻐하고, 공예배의 시간을 사모하게 하시옵소서.

저의 인생에서 예배하기 위하여 모이는 것을 최고의 즐거움으로 삼게 하시옵소서. 주님의 보혈로 한 몸이 된 지체들과 한 자리에서 주의 임재하심을 예배 중에 맞이하는 영광을 주시옵소서. 초대 교회의 성도들이 누렸던 은혜를 저의 것으로 여기게 하시옵소서.

하나님의 백성들과 마음을 같이 하게 해 주시옵소서. 교회에 모이기를 힘쓰게 하시옵소서. 서로 사랑으로 섬기며, 예배하러 모이기를 사모하는 지체들이 되게 하시옵소서.

주님을 그리워함을 예배로 올려드리게 하시옵소서. 저의 마음을 늘 교회에 두게 하시옵소서. 날마다 지내는 중에, 공예배의 시간을 기다리게 하시고, 예배를 사모함에 목마르게 하시옵소서.

예수님의 이름으로 기도드립니다. 아멘.

04 _하나님의 사람으로 섬길 목회자

하나님 아버지,

○○ 교회를 위하여 목회자를 세워주셨음에 감사드립니다. 하나님의 교회에서 ○○○ 목사님을 만나게 하셨고, 지도를 받게 하시니 감사드립니다. 여호와 앞에서 양떼들을 인도하고, 먹이기에 부족함이 없는 목자가 되게 하시고, 그의 인도를 즐거워하게 하시옵소서.

아침마다 저의 마음을 새롭게 할 때, ○○○ 목사님을 더욱 사랑하는 마음을 주시옵소서. 주님의 피로 세워진 ○○ 교회를 감독하도록 보내심을 받은 목사님에 대하여 존경하게 해 주시옵소서.

하나님께서 그에게 ○○ 교회를 맡기셨으니, 저는 다만 순종하는 마음으로 ○○○ 목사님을 따르게 해 주심을 빕니다. 그의 가르침을 반가워하고, 그가 하려는 모든 일에 협력하는 동역자가 되게 하시옵소서.

○○○ 목사님을 대할 때, 교만하거나 무례하지 않게 해 주시옵소서. 사람과 사람의 관계에서 그를 바라보지 않게 하시옵소서. 그도 우리와 같은 나약한 인간이기에 때로는 부족함을 드러내고, 연약함을 그대로 나타낼 것이지만 존경하게 하시옵소서.

때로는 그의 모습에서 허물이 보여질 수도 있으나, 오히려 기도로서 섬기게 하시옵소서.

예수님의 이름으로 기도드립니다. 아멘.

05 _그리스도 안에서의 한 지체

하나님 아버지,

주님의 보혈로 말미암아 ○○ 교회의 지체가 되게 하셨음에 감사드립니다. 주님의 몸을 이루는 교회에서 ○○의 가족들이 한 지체가 되고 있음을 믿습니다. 주님의 보혈을 생각할 때, 성도들을 나의 지체로 받아들이게 하시옵소서. 예수님 안에서 한 몸이 되어 서로가 지체가 되는 은혜를 주시옵소서.

○○ 교회 안에서 성도들이 주님의 몸을 바라보게 해 주심을 빕니다. 제가 먼저 성도들에게 지체의 한 부분으로 다가가게 하시옵소서. 저의 지체로서 그들을 섬기려는 마음을 품게 하시옵소서. 교회 안에서 언제나 성도들을 대할 때, 제 몸의 일부처럼 받아들이는 은혜를 주시옵소서.

사랑하는 지체들과 그리스도의 피로 하나가 되어, 주님의 몸을 이루어 가게 하시옵소서. 저 자신과 더불어 ○○ 교회의 성도들을 생각할 때, 우리가 한 몸을 이루고 있음을 잊지 말게 하시옵소서. 한 몸의 지체로서 그들을 섬기게 하시며, 때로는 용납하게 하시옵소서.

몸에 많은 지체들이 있듯이, 교회 안에 많은 직분들이 있게 하셨음에 감사드립니다. 저 역시, ○○ 교회 안에서 한 직분을 받아 섬기게 하셨음에 감사드립니다. 주님의 몸을 이루어드리게 하시옵소서.

예수님의 이름으로 기도드립니다. 아멘.

06 _주일을 누리는 은혜

하나님 아버지,

저에게 알맞은 일을 주시고, 그 일을 통해서 살아오게 하셨음에 감사드립니다. 아담 이후로, 사람이 산다고 할 때, 노동을 피할 수 없음을 깨닫습니다. 땀을 흘리며 살아야만 생존할 수 있는 세상에서 안식을 누림이 하나님의 은혜라 여겨집니다.

이레 중에서, 한 날을 떼어 거룩한 날로 지키게 하시니 여호와께 영광이 되게 해 주심을 빕니다. 이 날을 주의 날로 구별하고, 종일을 하나님을 예배하는 시간으로 지키게 하시옵소서.

이 날을 구별하는 은혜로 말미암아 자신을 하나님께 드리고, 천국을 소망하며 지내게 하옵소서. 바라기는 이 날을 하나님께 드려, 여호와께 속한 날로 바쳐서, 이레를 사는 것이 하나님의 은혜임을 전하게 하시옵소서.

주의 날을 하나님께 돌려드림으로써 남은 엿새도 하나님의 날들임을 확증하게 하시옵소서. 저에게 시간과 날을 주셔서 생명을 위하여 살게 하시니 감사드립니다.

주일을 구별하는 은혜로 신앙의 성숙을 누리게 하시옵소서. 주일이 되어 예배당을 찾는 종교적인 삶이 아니라, 하나님을 영화롭게 해 드리려고 거룩함으로 나아가게 해 주시옵소서.

예수님의 이름으로 기도드립니다. 아멘.

07 _새벽에 무릎을 꿇는 은혜

하나님 아버지,

주님의 보혈로 말미암아 ○○ 교회의 지체가 되게 하셨음에 감사드립니다. 주님의 몸을 이루는 교회에서 ○○의 가족들이 한 지체가 되고 있음을 믿습니다. 주님의 보혈을 생각할 때, 성도들을 나의 지체로 받아들이게 하시옵소서. 예수님 안에서 한 몸이 되어 서로가 지체가 되는 은혜를 주시옵소서.

○○ 교회 안에서 성도들이 주님의 몸을 바라보게 해 주심을 빕니다. 제가 먼저 성도들에게 지체의 한 부분으로 다가가게 하시옵소서. 저의 지체로서 그들을 섬기려는 마음을 품게 하시옵소서. 교회 안에서 언제나 성도들을 대할 때, 제 몸의 일부처럼 받아들이는 은혜를 주시옵소서.

사랑하는 지체들과 그리스도의 피로 하나가 되어, 주님의 몸을 이루어 가게 하시옵소서. 저 자신과 더불어 ○○ 교회의 성도들을 생각할 때, 우리가 한 몸을 이루고 있음을 잊지 말게 하시옵소서. 한 몸의 지체로서 그들을 섬기게 하시며, 때로는 용납하게 하시옵소서.

몸에 많은 지체들이 있듯이, 교회 안에 많은 직분들이 있게 하셨음에 감사드립니다. 저 역시, ○○ 교회 안에서 한 직분을 받아 섬기게 하셨음에 감사드립니다. 주님의 몸을 이루어드리게 하시옵소서.

예수님의 이름으로 기도드립니다. 아멘.

08 _연보로 말미암아 하나님께 영광

하나님 아버지,

저에게 생업을 주시고, 재물을 얻게 하셨음에 감사드립니다. 세상의 모든 것이 여호와의 것임에, 제가 살아가도록 재물을 취하게 하셨음을 기억합니다.

하나님의 뜻에 따라 자로 재어준 구역에서 얻은 재물로 살아왔음에 하나님의 영광을 구하게 하시옵소서. 하나님의 것을 하나님께 돌려드리니, 세상의 만물이 여호와께 속해 있음을 선포하시옵소서. 성령님께서 감동해 주시는 대로 정한 예물을 올려 드리는 은혜를 주시옵소서.

저로 하여금 헌금을 준비할 때, 거룩함을 누리게 하시며, 하나님께 바침을 즐거워하게 하시옵소서. 이 예물을 드림에서 주님을 더욱 사랑하며, 믿음의 진실함이 증거 되게 해 주심을 빕니다.

저를 복되게 하셔서, 하나님께 나아올 때, 빈손으로 오지 않게 하셨음에 감사드립니다. 하나님을 예배할 때마다 예물을 준비하는 손이 기쁘게 하시옵소서. 하늘로부터 거저 받은 은혜로 준비된 예물이니 감사함으로 드리게 하시옵소서.

저에게 예물을 드리는 은혜를 가르쳐 주시옵소서. 하나님께 드리는 것일진대 인색함으로 드리지 않게 하시옵소서. 하늘의 하나님을 영화롭게 해드리는 예물이 되게 하시옵소서.

예수님의 이름으로 기도드립니다. 아멘.

09 _여호와의 것을 드리는 복

하나님 아버지,

소득의 즐거움을 보며, 십 분의 일을 여호와의 것으로 구별하게 하셨음에 찬양으로 영광을 드립니다. 저의 수고로 재물을 얻었다는 악인의 꾀를 거절하게 하시고, 하나님의 은혜를 시인하게 하시니 감사드립니다. 십 분의 일을 구별할 때, 은혜가 임함에 감사드립니다.

여호와의 것을 구별하는 헌신으로 신앙의 진보를 경험하게 하시옵소서. 제가 온전함에 이르기를 원하시는 하나님의 뜻에 순종하는 즐거움이 더해지게 하심을 빕니다. 믿음에 있어서 어린아이 같지 않고, 장성함에 이르게 하시옵소서.

소득의 은혜를 은혜로 여기지 못했던 죄악을 기억하여 고백합니다. 재물에 대한 욕심과 가난함에 대한 염려로 하나님께 드려야 할 것을 도적질 했던 죄를 회개합니다. 제가 십 분의 일을 드리지 못하였음은 하나님께 대한 불신이었으니 용서해 주시옵소서. 여호와의 것을 거룩하게 구별하는 성결의 은혜를 주시옵소서.

이제부터는 모든 소득에서 여호와의 것을 최우선으로 구별하게 하시옵소서. 재물의 소득뿐 아니라, 제가 얻어서 누리게 되는 모든 것에 십 분의 일을 올려 드리게 하시옵소서. 건강한 삶을 살게 되었다면, 저의 삶에서 십 분의 일을 구별해 하나님께 드리게 하시옵소서.

예수님의 이름으로 기도드립니다. 아멘.

10 _생명을 구원하는 전도

하나님 아버지,

복음을 듣고, 예수님을 구세주로 영접하게 하셨음에 감사드립니다. 멸망에 이를 수밖에 없던 저를 생명으로 이르게 하신 은혜를 찬양합니다. 이제, 구원하시기로 작정하신 이들에게 보내기를 기뻐하시는 하나님의 마음을 품게 하시옵소서.

이 시간에, 복음을 전하는 일에 헌신하여 신앙의 진보를 경험하기를 결단하게 하시옵소서. 복음을 전하는 일로 말미암아 그리스도의 장성한 분량에 이르게 하시옵소서. 복음을 전해서 지옥의 불에 던져지는 자들을 구원해 내려는 열정을 품게 하시옵소서.

저 자신이 복음에 빚진 자가 되었으나 전도에 헌신되지 못하였음을 고백합니다. 매일의 삶이 바쁘다는 핑계로 주님을 알지 못하는 이들에게 복음을 전함에 대하여 무관심했음을 용서해 주시옵소서.

성령님께서 여러 번 감동하셨으나 순종하지 않은 죄를 용서해 주시옵소서. 불신자들의 영혼에 대한 사랑이 없어서 복음을 전하지 않은 죄를 회개합니다. 지금 이후로, 전도를 사모하게 하시옵소서. 복음을 전하는데 쓰여지는 시간이 최고로 아름다운 것을 깨닫게 하시옵소서. 복음을 전하기 위해서 때로는 재물이 사용되는 것을 귀하게 여기게 하시옵소서.

예수님의 이름으로 기도드립니다. 아멘.

11 _ 하나님을 경외하는 봉사

하나님 아버지,

봉사에 의해서 하나님을 경외하는 데로 나아가게 해 주셨음에 감사드립니다. 여호와께 영광이 되고, 사람들을 섬기는 봉사에 소원을 품게 하셨음에 찬양을 드립니다. 성령님의 권면 안에서 불타는 열정을 가지고 봉사하게 하시옵소서.

저의 봉사가 하나님께 대하여서는 주님을 섬기는 은혜를 보게 하시옵소서. 봉사에 대하여 결단하면서 먼저 저의 죄를 회개합니다. 주님을 닮고, 주님의 삶을 저의 것으로 삼으려 하면서도 봉사와는 먼 삶을 살아왔음을 고백합니다.

자신의 유익에만 몰두하여 이웃을 섬기는데 부족하였음을 고백합니다. 제가 봉사할 때, 모범이 되어 주셨던 예수님을 따르게 해 주시옵소서. 주님을 섬길 때, 부지런하여 게으르지 말고 열심을 품어야 하는 삶이 봉사에 실천되게 하시옵소서.

하나님을 경외하는 삶이 봉사를 통해서 드러나게 하시옵소서. 주님을 섬기는 열심을 봉사에서 실천하게 하시옵소서. 저의 봉사가 여호와 앞에서 모든 겸손과 눈물의 열매이기를 원합니다. 성령님의 은혜 안에서 사람들을 위하여 자신을 내어주게 하시옵소서.

예수님의 이름으로 기도드립니다. 아멘.

02 | 거룩한 하루를 위하여

01 _ 아침에 첫 시간에

하나님 아버지,

새날의 아침을 열어 주시고, 또 하루의 삶을 시작하도록 하신 하나님의 이름을 불러 봅니다. 이 거룩한 시간에 주님의 은총을 찬양합니다. 저의 마음과 입술로 영광을 드리게 하시옵소서. 어제의 더러운 죄를 보혈로 씻어 주신 주님께 저의 생명 드리는 하루의 삶이 되게 하시옵소서.

오늘은 어떠한 목적이나 어떠한 방법으로든지 주님이 원하시는 대로 저를 써 주시옵소서. 몸과 마음이 하나님의 나라를 이루는데 쓰여지는 도구가 되기 원합니다.

주님께서 원하시는 대로 저를 주관하여 주시되, 제 손과 발을 민첩하게 하사, 주의 일을 위하여 쓰게 하시옵소서. 이 한 날의 삶이 그대로 하나님 앞에서 예배가 되게 하시옵소서.

저의 주인이신 하나님,

오늘, 여호와 앞에서 한 날의 삶이 예수님을 닮게 하시옵소서. 고난을 당하고 있는 자들과 외로운 자들에게 위로의 손길을 펼 수 있게 하시며, 타락한 자들을 붙들어 주며, 불쌍한 자들에게 주님의 사랑을 나타내며, 방탕한 자들을 일깨워 주고, 주린 자들을 돌아보며, 약한 자들을 일으켜 주고, 마음이 상한 자들을 위로하게 하시옵소서.

예수님의 이름으로 기도드립니다. 아멘.

02 _아침의 식탁에서

하나님 아버지,

예수님의 십자가 보혈로 새롭게 된 것을 감사드립니다. 하나님의 사랑이 저를 죽을 죄의 몸에서, 영원한 생명과 함께 새 삶에 이르게 하시니 감사드립니다.

이 시간에도 주님을 모르는 이들이 예수님으로 말미암아 구원받기를 원합니다. 이로써 땅이 아닌, 사람들의 가슴에 하나님의 나라가 이루어지기를 믿습니다.

오늘 아침에 일용할 양식을 주셔서, 저희의 식탁을 풍성하게 해 주셨음에 감사드립니다. 저희의 몸을 위해서 양식을 주신 하나님의 사랑을 즐거워하면서 식사하기 원합니다. 사랑하는 자녀들과 함께 식탁 공동체의 은혜를 즐기게 하셨으니 감사하게 하시옵소서.

영화로우신 하나님,

제게 생명을 주신 시간 동안 저의 삶이 주님께 드려지는 산 제물이 되기 원합니다. "너희 몸을 하나님이 기뻐하시는 거룩한 산 제사로 드리라"는 말씀을 좇아 하나님을 영화롭게 해 드리는 시간들이 되게 하심을 믿습니다. 날마다 제 마음이 작은 성전 되어서, 죄로 인하여 어두워진 마음의 창을 열고 소망의 빛으로 기도하기 원합니다.

예수님의 이름으로 기도드립니다. 아멘.

03 _애들을 학교에 보낸 뒤에

하나님 아버지,

제게 베풀어 주시는 은혜를 생각할 때, 참으로 감사드립니다. 이 부족한 제가 아버지의 형상을 따라 지어졌다는 사실 앞에서 감사드리지 않을 수 없습니다. 은혜 가운데서 날마다 지켜 보호하여 주심을 깨달을 때, 더욱더 감사를 드립니다.

하루가 열려, 복된 날이 되게 하신 하나님의 손길을 바라보기 원합니다. 지금, 따사로운 햇빛이 깃드는 곳마다 주님의 사랑이 흘러넘치게 하시옵소서.

지금, 저의 환경은 그리 좋지 않습니다만 하나님을 바라게 하시옵소서. 우리 하나님의 사랑에 모든 불평과 불만이 감사로 바뀌어지기 원합니다. 주님의 은혜로 말미암아 다툼과 원망이 사라지게 하소서.

저희 가정에서 하나님의 은혜를 구할 때, 영원하지 못한 것들을 구하지 않게 해 주심을 믿습니다. 재물이 많음으로 슬거울 수 있으나 결국 사라져 버릴 물질을 추구하고 거기에 의지하지 않게 하시옵소서.

저는 하나님 앞에서 살아가야 되는 존재라 여깁니다. 제가 추구해야 할 것은 하나님의 뜻이라는 것을 놓치지 말게 하시옵소서. 잠시 있다가 말 것으로 영원한 것을 바꾸는 어리석은 자가 되지 않게 하시옵소서.

예수님의 이름으로 기도드립니다. 아멘.

04 _ 가족의 경건함을 생각하며

하나님 아버지,

예수 이름으로 구원받게 하시고, 지금까지 지켜 주시니 감사드립니다. 주님의 크신 사랑에 찬송과 감사로 아버지를 영화롭게 하기 원합니다. 생명의 말씀으로 만물을 지으시고, 그 언약하신 말씀대로 복을 누리며 살게 하시는 하나님을 높입니다.

주의 은혜로 새 사람이 되었으니, 제 마음이 말씀으로 채워지기 원합니다. 오늘도 영생의 말씀으로 저와 가족들의 삶을 지어 주시기 원합니다. 오직 그 말씀에 순종하므로 열매를 맺는 삶이 되도록 인도해 주시옵소서.

여호와 앞에서 어리석은 저에게 지금 필요한 것은 하나님의 말씀입니다. 말씀의 지혜를 따르는 생활이 하나님을 기쁘시게 한다는 것을 믿게 하시옵소서.

영으로 충만하게 하시는 주여,

지금, 육체의 소욕이 치밀어 올라 마음을 어지럽히지 않도록 성령님께의 충만함을 빕니다. 요즈음 들어 자주 땅의 것들에 대한 욕심이 일어나고 있으니, 성령님으로 다스림을 받게 하시옵소서. 성령님께서 마음으로 부터 육체의 소욕을 뽑아 제거해 주시고, 성령님의 감동하심에 따르는 욕심을 갖게 하시옵소서.

예수님의 이름으로 기도드립니다. 아멘.

05 _일터에서 업무를 시작

하나님 아버지,

예수님의 사랑으로 하나님의 자녀가 되고, 새 사람으로 살게 하심을 감사드립니다. 하나님께서 미워하시는 일만 골라하며 살아왔던 저에게 새 일을 맡겨 주신 하나님을 찬양합니다. 주님을 따라나선 베드로에게 '사람을 낚는 어부가 되라' 하심처럼, 제게도 소금과 빛으로 살라 하셨으니, 기쁨으로 감당하게 하시옵소서.

제가 직장 안에서 소금 되어 살고, 빛이 되어 살 때, 하나님의 나라가 이 땅에서 이루어짐을 믿습니다. 하나님께서는, 이 땅에서 주님의 나라를 이루시기 위해 저에게 소금이 되라, 빛이 되라 하심을 믿게 하시옵소서. 일터에서 하나님의 뜻을 이루어드리게 해 주시옵소서.

살아가면서 부족한 것이 많아, 세상의 것들에 집착하게 됨을 용서해 주시옵소서. 아쉬운 것들 때문에 불편해지고, 마음도 좁아지지만 하나님께 소망을 두게 하시옵소서. 저의 마음이 보이지는 않지만 영원한 것을 바라보고 소망하게 하시옵소서.

이제, 저는 세상의 소금이니 맛을 잃지 않도록 도와주시옵소서. 만일 제가 맛을 잃으면, 아무 쓸데 없어 다만 밖에 버리어 사람에게 밟힐 뿐이라는 것을 잊지 않게 하시옵소서. 또한, 저는 세상의 빛이니 산 위에 있는 동네가 숨기 우지 못하는 삶을 살게 하시옵소서.

예수님의 이름으로 기도드립니다. 아멘.

06 _잠자리에 들기 전에

하나님 아버지,

오늘 아침에, 기도로 하루를 시작하게 하신 하나님을 찬양합니다. 지금 하루의 삶을 마치고, 감사의 찬양을 드립니다. 하나님께서는 오늘도 제게 좋으신 아버지이셨습니다. 하루의 일과로 말미암아 지칠 대로 지친 마음이지만, 찬양으로 새롭게 되게 하시옵소서.

이 밤에, 아버지 하나님의 사랑에 빠져 잠들고 싶습니다. 되돌아 보건대 오늘도 나약하고 욕심만을 지닌, 죄악 된 모습으로 시간을 채운 생활이었음을 회개합니다. 아침에는 주님의 영광을 찾았지만, 실제 오늘의 제 삶은 저 자신의 영광에 매달렸었음을 회개합니다.

살아가는 시간이 더해질수록 은혜로 나아가게 하시옵소서. 성경을 애독하는 생활에서 지식적으로 신앙생활을 하려 하지 않게 하시옵소서. 말씀을 알면 알수록, 진리를 깨달으면 깨달을수록 마음을 여호와께 두고, 경건에 이르도록 노력하게 하시옵소서.

제멋대로 방탕했던 죄인이지만, 하나님의 은혜로 기도하게 하시니 감사드립니다. 이렇게 머리를 조아려 애통하며 기도할 수 있음은 전적으로 하나님의 은혜입니다. 하늘나라의 아름다운 것과 땅의 모든 소산으로 오늘 하루도 먹이시며 입히시고 또 보이시며 들으면서 살게 하여 주셨음을 감사드립니다.

예수님의 이름으로 기도드립니다. 아멘.

07 _계절이 바뀌는 길목에서

하나님 아버지,

시간이 흐르고, 계절이 바뀌는 길목에서 하나님의 은혜를 찬양합니다. 저의 삶을 복 되게 하셨음을 즐거워하면서 여호와 앞에서 살아가게 하옵소서. 그리하여 천국의 백성으로서 청지기로 살기 원합니다. 하나님께 즐거움을 드리는 자녀가 되기 원합니다.

이 땅에서 부모를 공경하듯이, 영의 아버지이신 하나님을 공경하는 자녀로 살아가도록 도와주심을 믿습니다. 하루, 하루를 지내면서 저의 인생이 여호와를 주목하는 데서 떠나지 않게 하시옵소서. 하나님의 말씀을 받기를 좋아하며, 그 말씀을 귀하게 여겨 순종하게 하시옵소서. 세계 모든 민족 위에 뛰어나게 하시는 하나님의 약속을 소망으로 삼게 하시옵소서.

계절이 바뀌면서, 저의 삶이 여호와께 복이 있는 자가 되게 하시옵소서. 하나님의 거룩한 처소에서 보시고, 복을 내려 주시옵소서. 하나님의 은혜로 저의 삶을 주관하시기를 원합니다. 하나님의 평강과 보호하심으로 말미암아 기뻐하고, 즐거워하게 하시옵소서.

여호와 앞에서 자신을 낮추도록 성령님의 인도하심을 구합니다. 늘 자신을 살펴서 낮은 자리에 머물수 있도록 인도하여 주옵소서. 우리 주님의 겸손을 배우면서 자신을 낮추게 하시옵소서.

예수님의 이름으로 기도드립니다. 아멘.

08 _가족 중에 집을 비울 때

하나님 아버지,

　자기 백성을 눈동자 같이 지키고, 돌보아 주시는 은혜를 찬양합니다. 더없이 행복한 가정에서 살게 하심을 감사드립니다. 무엇으로 보답한다 하여도 못다 갚을 크고 놀라우신 은혜를 허락해 주시니 감사드립니다. 좋은 가정을 주신 하나님께 영광을 드리게 하시옵소서.

　지금은 일터에서의 업무로 말미암아 집을 떠나 있는 ○○○를 위하여 눈을 감았습니다. ○○○가 저희들의 곁을 떠나 있음에, 여호와의 지켜 보호해 주심을 간구합니다. 이제까지도, ○○○에게 복을 내려 주시고, 함께 하셨던 은혜로 더해 주시기를 빕니다. 저희들이 다시 만날 때, 하나님의 이름을 찬송하게 하시옵소서.

　이 시간에, ○○○께서 계시지 않으니 집 안이 비어 있는 느낌입니다. ○○○에 대한 추억이 새롭습니다. ○○○께서는 가족을 사랑하시고, 가정의 행복을 위해서 헌신해 오셨습니다. 그가 가슴 만큼이나 넓은 사랑으로 가족을 위하여 수고했음에 하나님께 감사드립니다.

　간구하옵기는, 집을 떠나서, 피곤한 여행 중에 계신 ○○○를 지켜 주시기 원합니다. 가신 곳에서 돕는 사람들을 만나 일을 잘 보실 수 있도록 하시고, 목적을 이루시고 돌아오시도록 지켜 주시옵소서. 출장길에서도 하나님의 보호하심을 찬양을 드리게 하시옵소서.

　예수님의 이름으로 기도드립니다. 아멘.

09 _홀로 계신 어머니를

하나님 아버지,

어머니를 주신 하나님께 찬양과 영광을 드립니다. 제게 이토록 고마우신 어머니를 만나게 주셨으니 참 감사드립니다. 어머니는 저에게 눈물 겹도록 고마우신 분이십니다. 어머니의 이름 석 자만 생각해도 가슴이 훈훈해지게 하시니 감사드리게 하시옵소서.

오늘 아침에도, 누구보다 일찍 일어나서 가족들을 위하여 식탁을 준비하신 어머니의 사랑을 되새겨 봅니다. 자기의 인생보다는 가족들과 가정을 먼저 염려하신 어머니를 잊지 않게 하시옵소서.

부족하기 그지없는 제 곁에는 언제나 어머니가 계실 수 있도록 지켜주신 하나님을 찬송합니다. 언제나 어머니를 바라보면서 좋은 자식이 되기를 다짐하게 하소서. 어머니의 말씀을 귀 기울여서 듣고 순종하는 자식이게 하시옵소서.

제가 어릴 때부터, 성경을 외우게 하셨던 어머니를 잊지 않게 하시고, 한 소절, 한 소절 배운 찬송을 늘 부르며 지내게 하시옵소서. 그래서 부족한 제가 어머니에게 디모데로 살기를 원합니다. 어머니의 하나님을 찬송합니다. 어머니의 신앙적인 삶을 제 것으로 여기게 하시옵소서.

여호와 앞에서 늘 자신을 낮추시고, 교회에서 이름을 드러내지 않으신 어머니의 겸손을 배우게 하시옵소서.

예수님의 이름으로 기도드립니다. 아멘.

10 _불평이 가득해 질 때

하나님 아버지,

날마다 함께 하시는 주님의 은혜를 감사드립니다. 늘 지내고 보면 더 좋은 것으로 바꾸어 주시는 하나님의 손길을 찬양하게 하시옵소서. 이 시간에, "범사에 감사하라 이는 그리스도 예수 안에서 너희를 향하신 하나님의 뜻이니라"는 말씀을 기억하게 하시옵소서.

어떤 까닭인지 알 수 없으나 제 마음이 불평으로 가득 차고 있습니다. 모든 일에 감사하라 하신 말씀과는 정반대로 모든 일마다 불평이 되고 있으니 저를 불쌍히 여겨 주시옵소서. 불평으로 가득 차 있어서 제 마음도 심히 아픕니다.

하나님께서 저의 마음을 다스려 주시옵소서. 불평의 영을 몰아내시고, 감사의 영에 충만해지게 하시옵소서. 불평으로부터 멀리하게 하옵소서. 저의 마음이 감사로 바뀌게 하시고, 모든 것들을 긍정적인 눈으로 바라보게 하시기 원합니다.

불평을 버리고, 감사하는 삶이 행실로 드러나는 하루를 보내도록 이끌어 주시옵소서. 저의 텅 빈 마음을 하나님의 영으로 채우셔서, 성령님께 순종하는 도구가 되게 하시옵소서. 저의 하늘의 하나님께 대한 믿음이 하나의 행실로 보여드리게 하시옵소서. 순종하는 행실로 말미암아 하나님의 살아계심이 증명되게 하시옵소서.

예수님의 이름으로 기도드립니다. 아멘.

11 _자주 분노하게 될 때

인자하신 하나님,

자기 백성들을 향하여 셀 수 없이 참으시고, 용서해 주시는 그 사랑에 감사드립니다. 이미 습관처럼 잘못을 저질러도 나무라심 없이 받아 주시는 은혜에 찬양을 드립니다. 주님의 너그러우신 마음을 제게도 허락해 주시옵소서. 그 마음으로 이웃을 대하여 분노하지 않으시는 하나님의 사랑을 전하게 하시옵소서.

이 시간에, 늘 용서해 주시기를 기다리시는 주님의 마음을 제 것으로 삼게 해 주심을 빕니다. 주님의 참으시는 마음을 제게 주사, 하나님의 용서하심으로 잘못한 사람들을 대하게 해 주시옵소서. 저의 실수처럼 남들에게도 실수가 있음을 인정하게 하시옵소서. 그리하여 그들의 인격을 존중하게 하시옵소서.

상대방의 과실을 용서해 주기 위해서 기다리는 마음을 갖게 하시옵소서. 때로는 이웃의 행동에 대하여 지켜보는 은혜도 주시옵소서. 저는 조금의 참음도 없이 화를 내고 맙니다. 저의 조급함이 남을 용서할 줄 모르고 벌컥 화내는 것을 다스려 주시옵소서.

저의 성급함으로 말미암은 분노의 마음을 주님께 가져왔습니다. 저의 슬픔을 주께서 아시오니, 제가 그들을 잘못 이해했음을 용서해 주시기를 원합니다. 지혜가 부족하였음을 깨달아 고치게 하시옵소서.

예수님의 이름으로 기도드립니다. 아멘.

03 | 심령의 회복을 위하여

01 _ 심판하실 하나님 앞에서

하나님 아버지,

예수님을 믿지 않는 자는 그에게 예비된 영원한 불에 들어가고, 주님을 믿으면 삶이 어떠하든지 천국백성이 된다고 만족해하던 저에게 하나님의 심판대를 생각하게 하시니 감사합니다. 하나님께서 말씀하셨지요. "우리가 다 하나님의 심판대 앞에 서리라."(롬 14:10)

' 하나님의 심판대 앞에 서 있음을 알고서 지냈다면 저는 지금까지 그렇게 하지는 않았을 것입니다. 이제까지 지내온 시간들을 다 물릴 수는 없을까요? 하나님의 심판을 생각하지 않고, 저의 기분대로 살아왔으니 어떻게 해야 하겠습니까? 용서해 주시옵소서. 천국에 가게 되었다는, 티켓을 받았으니 '다 되었다'는 것처럼 지내온 것을 깨닫습니다.

그럼에도 불구하고 오늘, 하나님께서 저를 사랑하시고, 하나님께서 저를 멸망에 이르지 않게 하신다고 확신합니다. 이 시간 이후로, '하나님의 심판대 앞에서'라는 문장을 심령에 새기기를 원합니다. 심판하실 하나님 앞에서 지낼 것을 결단합니다.

나아가 이제까지의 잘못을 돌이키기 위해서라도 성령님께서 감동을 주실 때, 갑절로 순종할 것을 결단합니다. 경건의 능력으로 지내게 하시옵소서. 오늘, 하나님의 심판대 앞에서 한 날을 지내게 하시옵소서.

예수님의 이름으로 기도드립니다. 아멘.

02 _하나님의 영광에 제물

하나님 아버지,

예배할 때마다 하나님의 영광에 제물이 되어 드려 지는 은혜를 기대하게 하시니 감사합니다. 성소에서의 제단, 그곳에서는 대제사장이 제물을 잡아 죽였지요. 예배는 죽음이라는 것을 확인합니다.

"너희 몸을 하나님이 기뻐하시는 거룩한 산 제물로 드리라"고 하셨습니다. 하나님께 드려지는 제단은 제물로 드려지기 위해서 죽는 곳이었음을 생각합니다. 그런데 저는 죽음을 생각해보지 않았습니다. 만일, 죽음이 없이 예배하는 저는 이미 제물이 아니라는 것을 확인합니다.

제가 죽기를 싫어한다면 제단에서 떠나야 할 것입니다. 하나님께서는 산 제물로 드려지기를 원하시는데, 이제까지의 저는 죽기를 싫어하였으니 저의 예배는 다만 사람들에게 보여지는 쇼에 불과하였다고 고백합니다. 예배가 없으니 하나님과 만남을 경험하지도 못하고, 하나님의 음성도 없었다고 깨닫습니다.

사람의 목소리로 시끄럽기만 했던, 사람들의 모임에 그쳤던 교회였다는 깨달음입니다. 이제라도 저를 돌이키게 하시옵소서. 제가 죽어서 제물로 드려질 때, 우리 교회에 하나님의 영광이 임재하시리라 확신합니다. 제물이 되어 드려 지셨던 주님, 그 모습을 따르게 하시옵소서.

예수님의 이름으로 기도드립니다. 아멘.

03 _성령님의 불덩어리

하나님 아버지,

하나님께서는 종으로 삼은 사람에게 불을 던지시고, 불을 받은 종에게 하나님의 나라를 확장시켜 가심을 배우게 하시니 참 감사합니다. "보라 얼마나 작은 불이 얼마나 많은 나무를 태우는가."(약 3:5하) 하나님의 나라는 사람이라는 것을 깨닫습니다.

하나님의 사람들의 공통적인 고백은 그들이 불을 받아, 누군가에게로 옮겨져 하나님을 위하여 불태워졌다는 것입니다. 하나님께서는 윌리엄캐리를 브레드너드의 생애에서 불이 붙어 태워지게 하시고, 그를 인도로 가게 하셨습니다.

에드워드 페이슨은 브레이너드의 일기를 읽고, 그의 가슴에 불이 옮겨 붙어 평생을 하나님께 드렸습니다. 브레이너드의 일기는 또 한 사람, 로버트 M. 맥체인의 가슴에 불이 붙게 하여 그도 자기를 하나님께 드렸지요. 성경책을 옆구리에 끼고 교회에 가던지, 성경책이 들어있는 가방을 들고 고상하게 교회에 가던지 그게 아닙니다.

불덩어리를 저의 가슴에 꽂혀 주시옵소서. 성령님의 불덩어리가 되게 하시옵소서. 저의 가슴에 타오르는 불을 주시옵소서. 저에게 안겨주신 불덩어리가 뜨거워서 누구에게라도 옮기게 하시옵소서. 너무 뜨거워서 옮기지 않고는 견디지 못하게 하시옵소서.

예수님의 이름으로 기도드립니다. 아멘.

04 _거룩한 욕망을

하나님 아버지,

성도로서 살아가는데 부족함이 없도록 성령님을 보내 주시니 감사합니다. 성령님께 저를 내어드리고, 그 감동에 순종하게 하시옵소서. 성령이 아니고서는 하나님을 아버지라 부르지 못하는데, 제가 하나님을 아버지라 부를 때, 그저 관념적일 뿐이었음을 고백합니다. 예수님을 주님이라고 시인하지만 여전히 저는 저였습니다. 저를 부인하지 못하고 있습니다. 용서해 주시옵소서.

제가, 하나님께 자녀로 선택되지 않았나요? 저에게도 죄를 고백하면서 예수님을 구주로 모셔 들였던 시간의 경험이 있습니다. 저의 더러웠던 모습을 주님의 보혈로 씻겨 주셨던 감격이 있습니다.

바울은 예수님을 영접한 이후에, 자기에게 있는 것을 다 똥으로 여겼는데, 왜 저는 그리하지 못합니까? 저의 각오로 거룩함에 이르지 못한다는 것을 깨닫습니다. 저의 의지로 하나님께 거룩하지 못하다는 것을 알게 해주셨습니다.

성령님께서 저를 깨뜨리셔야만 가능하다는 것을 깨닫습니다. 저를 깨뜨려 주시옵소서. 성령님이 아니고서는 깨질 수가 없습니다. 제 자신을 소중하게 여기는 생각을 깨뜨려 주옵소서. 이로써 성령님 안에서 거룩한 성령의 소욕을 지니게 하옵소서

예수님의 이름으로 기도드립니다. 아멘.

05 _오늘을 하나님의 사람으로

하나님 아버지,

우리에게 자유의지를 주셔서 책을 읽도록 하시고, 자신의 관심을 즐기게 하시니 감사합니다. 우리 중에, 하나님의 사람들이 살아간 기록(전기)을 전해주는 책을 대함으로써 자신에게 도전하는 즐거움을 주십니다.

교회의 초기 시대에 사막에서 주님과 동행을 했던 교부들, 그들의 이야기를 밤새도록 읽고 받았던 감동들, 말틴 루터의 선언이 있기 전에, 개혁의 분위기를 만들며 헌신했던 이들의 이야기는 신앙자의 의미를 깨닫게 해 주지요. 그러나 저에게 부족한 것이 있음을 성령님께서 깨닫게 하십니다. 그들의 삶에 감격했을 뿐, 저는 아무것도 하지 않았지요.

오늘부터 다시 책장에서 그들을 꺼내어 펼치게 하시옵소서. 한쪽, 한쪽을 읽어내려갈 때, 하나님의 이야기를 발견하게 하시옵소서. 그래서 오늘, 제가 헌신해야 될 일거리를 찾게 하시옵소서. 오늘의 시대에 제가 해야만 될 하나님의 일에 결단하게 하시옵소서. 하나님의 열심을 품고, 기도하며 몸을 드려 헌신하게 하시옵소서.

언약을 지키며, 언약 안에서 지냈던 청교도들의 헌신을 저의 것으로 삼아 헌신하게 하시옵소서. 오늘을 하나님의 살아계심을 증언하는 날로 삼게 하시옵소서.

예수님의 이름으로 기도드립니다. 아멘.

06 _이끌어 주시는 성령님

하나님 아버지,

주님께서 문 밖에서 서서 두드리신다고 말씀을 하셨지요? 주님은 라오디게아 교회에 들어가 계시지 않고, 교회 밖에 계신다고 하셨습니다. 문을 두드리시며 문이 열리기를 기다리시는 주님!

아하, 그렇다면 어떻게 해야 합니까? 자신을 크리스천이라고 여긴 성도들이 교회에 모였는데, 영광을 받으셔야 하실 주님께서는 교회에 계시지 않으시다니요! 그리고 그들 중에서 누구라도 주님의 음성을 듣고 문을 열기를 기다리신다니요!

주님께서 교회에 계시지 않으시다는 것은 저를 돌아보게 합니다. 주님과 함께 한다고 스스로에게 떠벌렸는데 말입니다. 만일, 그렇다면 저는 저에게 속아왔습니다. 지금까지 주님을 모시고 살아온다고 여겼는데 정작 제 안에는 주님이 계시지 않을 수도 있으시다니. 무엇에서부터 어긋난 것입니까? 불쌍히 여겨 주시옵소서.

진리 가운데로 이끌어 주시는 성령님을 찾습니다. '주님의 없음'에도 주님께서 함께 하신다고 여기며, 주님과 동행한다는 자부심을 가졌습니다. 어디에서 떨어졌는지를 살펴서 다시 세우게 하시옵소서. 저의 행위를 아시는 주님께 간구합니다. 저를 일으켜 세워 주시옵소서. 그리하여 이기는 자의 영광을 받게 하시며, 보좌에 앉게 하시옵소서.

예수님의 이름으로 기도드립니다. 아멘.

07 _주님께서 제 안에

하나님 아버지,

성령님께서 바울에게, "이제는 내가 사는 것이 아니요 오직 내 안에 그리스도께서 사시는 것이라."(갈2:20)고 고백하게 하시니 감사합니다. 주님께서 십자가에서 죽으셨을 때, 바울 자신이 그리스도와 함께 죽었다고 고백하였습니다.

오늘, 저에게 옛 사람으로의 저는 주님과 함께 십자가에 달려 죽었다고 증언하게 하시옵소서. 주님께서 나를 대신하셔서, 나의 죄로 말미암아, 나의 죄 짐을 짊어지고 죽으셨음을 선포하게 하시옵소서.

-주님께서 죽으실 때, 저도 죽었음을 믿습니다.

-주님께서 다시 살아 나사 제 안에 계심을 믿습니다.

-새 사람으로서의 저는 주님과 함께 있음을 믿습니다.

이로써 지금은 주님으로 말미암아 새 사람으로 살아가고 있음을 고백하게 하시옵소서. 주님께서 제 안에 계심을 확신할 때, 주님의 죽으심은 나의 죽음이며, 주님의 부활이 나의 부활에 대한 약속이 되었음에 감격스럽습니다.

주님께서 제 안에 계심이 율법적뿐만 아니라, 실제의 삶에서 경험되기를 원합니다. 성령님께서 저에게 주님께서 계심을 깨닫게 하시며, 주님과 동행하도록 이끌어 주시옵소서.

예수님의 이름으로 기도드립니다. 아멘.

08 _하나님의 말씀

하나님 아버지,

예수님의 의미는 하나님의 말씀이 사람이 되셨다는 신비에 있음을 깨닫습니다. 그렇다면, 저에게 크리스천으로서의 존재 의미가 하나님이 말씀이 되어야 한다고 확신합니다. 제가 사람들에게 비쳐질 때, 하나님의 말씀을 선포하는 것이 되게 하시옵소서.

하나님의 말씀이 성경(책) 안에만 있다면 그것은 또 하나의 종교에 불과할 것이라 깨닫습니다. 하나님께서 저에게 원하시는 것은 하나님이 자녀가 되라는 것이지. 하나님께 종교인이 되라는 것이 아님을 확인하게 하시옵소서.

-아침이면 새로운 요절 하나를 읊조릴 수 있다고 만족해하지 않게 하시옵소서. 요절을 암송하면서 자신의 기분을 즐기는 동안에도 굶주림을 견디느라 눈물을 흘리는 사람이 있기 때문입니다.

-찬송가(책)를 보지 않고, 4절까지 부를 수 있다고 거룩하다고 여기지 않게 하시옵소서. 찬송을 불러 경건함을 한껏 나타내는 동안에도 예수님을 믿지 않은 채로 죽어가는 사람이 있기 때문입니다.

아하, 제가 어찌해야 하겠습니까? 저의 심령을 하나님의 말씀으로 채우게 하시옵소서. 이로써 저의 모습은 하나님의 말씀이 되기를 원합니다. 세상에 나타나는 '하나님의 말씀'으로 지내게 하시옵소서.

예수님의 이름으로 기도드립니다. 아멘.

09 _기사와 표적이 많이

하나님 아버지,

기사와 표적은 성령님의 충만함에 대한 증거라고 깨닫습니다. 오늘, 저에게는 성령님께 충만해 있다는 증거가 무엇인지요?

성령님께 붙들려서 기사와 표적이 나타나도록 사용되기를 원합니다. 사실, 성령을 받았다고 말하면서도 성령님께 충만함의 증거가 무엇인지를 확인하지 못하고 있습니다. 성령을 받았음에도 성령님께 의존하지 못하고, 성령님을 모시고 있으면서도 기사와 표적을 나타내지 못하는 까닭은 무엇입니까?

이제, 한 사람의 개인이나 교회 공동체, 그리고 주님의 이름으로 모인 이들이 성령님으로 충만하게 하시옵소서. 이로써 사람의 기분이나 사람이 뜻대로 하나님을 말하지 않고, 성령님께 충만해서,

-진리를 가르침 받게 하시옵소서.

-깨달아 분별하게 하시옵소서.

-예수님을 그리스도로 믿게 하시옵소서.

간절히 원합니다. 성령님이 '사람 신자'보다 크시다는 것을 보여주시옵소서. '사람 신자'는 성령님께 드려진 도구가 되어 하나님의 일을 세상에 나타내게 하옵소서. 크리스쳔에 의해서 세상에 기사와 표적이 나타나 하나님께 영광을 드리게 하시옵소서.

예수님의 이름으로 기도드립니다. 아멘.

10 _말씀 그대로 순종

하나님 아버지,

말씀을 하시는 하나님을 잊은 결과, 참으로 힘들게 지내고 있습니다. 또한 사람의 생각을 하나님의 말씀에 붙여서 해석을 하고 있으니, 그것이 어찌 하나님의 말씀이겠습니까? 꽤나 똑똑한 것 같았지만 어리석었음을 고백합니다.

돌이켜 보니, 하나님의 말씀을 듣기보다는 그 말씀을 해석하려는 것이 버릇이 되었습니다. 이 생각에서부터 교회 안에서 불신앙자로 지내왔다고 깨닫습니다. 용서해 주시옵소서. 만일, 말씀을 그대로 믿지 않으면 불신앙자라는 것을 부인하지 않게 하시옵소서.

이제, 하나님의 말씀이 저의 심령에 들려지게 하시옵소서. 그리고 그 말씀을 형편이나 처지에 따라 해석하려 들지 않게 하시옵소서. 오직 말씀에 순종하여 하나님의 역사를 기다리게 하시옵소서.

하나님을 믿으면서도 진리의 자유를 누리지 못하는 지금, 얼마나 불쌍한가요? 하나님의 말씀에 대한 믿음으로의 반응을 하지 못해 '하나님이 이르시되'를 경험하지 못하고 있습니다. 말씀을 받게 하시옵소서.

오늘, 하나님의 말씀으로 살아갈 것을 다짐합니다. 하나님의 말씀에 사람의 생각을 섞지 않고, 그대로 받아들이게 하시옵소서. 하나님의 말씀을 해석하려고 들지 않고, 그대로 순종하게 하시옵소서.

예수님의 이름으로 기도드립니다. 아멘.

11 _ 십자가의 크리스천

하나님 아버지,

저에게 회개자의 심령에 대해 깨닫게 하시고, 회개자로 살아가기를 결단하게 하시니 감사합니다. 돌이키기를 원합니다. 주님의 십자가를 바라보았을 때, 주님께서 피를 흘리심이 바로 저의 죄 때문이었다는 것을 늘 생각하기를 원합니다. '마음에 찔려.' 그렇습니다. 주님께서 달리신 갈보리 언덕의 십자가에서 죄인 되었던 저의 모습을 생각하는 삶으로 인도 받게 하시옵소서.

갈보리의 십자가는 오늘, 주님의 죽으심에 대한 슬픔과 죄를 용서받음의 기쁨을 생각하게 합니다. 십자가는 죄를 대신해서 죽으셔야 했던 슬픔만 전해주지 않고 용서하심에 초대를 받았다는 기쁨을 줍니다.

주님께서 피 흘리셨던 갈보리에서 교회가 시작되었음을 확신합니다. 주님의 십자가는 교회를 이룬 지체를 한 몸으로 만들어 주셨습니다. 저희들은 서로 죄를 고하고, 때로 병 낫기를 위해서 서로 기도하는 공동체를 경험하게 해주었습니다.

교회 공동체에서 죄 사함을 받은 지체를 한 몸으로 받아들이게 하시옵소서. 이어서 서로가 하나님의 뜻을 성취해 드리게 하시옵소서. 이로써 저희들의 삶이 날마다 기쁨에 차있게 하옵소서.

예수님의 이름으로 기도드립니다. 아멘.

04 | 영성에 순종하기 위하여

01 _그의 얼굴을 가리어서

하나님 아버지,

하나님의 자녀라 불러주시고, 죄인이 가야 하는 지옥에 가지 않게 하심에 감사드립니다. 하나님께로부터 쫓겨난 신분이었는데, 예수님을 구주로 영접하게 해 주시고, 자녀의 신분을 회복시켜 주셨습니다. 그렇지만 저의 삶은 죄에서 떠나지 못했음을 회개합니다. 죄의 본성이 주장하는 대로 저를 맡겼었지요. 용서해 주시옵소서.

하나님께서 저를 버려두셨다면, 죄와 저주 안에서 살아갈 뿐이었습니다. 죄가 하나님의 얼굴을 가린 상태에서 마귀가 괴롭히는 환난과 질고, 질병의 고통을 당하며 살아갈 신세였습니다. 그러나 지금은, 세상에 오신 예수님으로 구원의 복을 받게 하셨습니다. 하나님을 아버지라 부르게 해주시니 이 모든 영광이 하나님께 있음을 고백합니다. 저를 자녀로 삼아주심은 하나님의 영광을 구하라 하신 것으로 믿습니다.

지금, 저는 하나님 앞에서 자녀가 되었다는 사실만으로도 가슴이 벅찹니다. 죄 사함의 은혜로 하나님의 얼굴 바로 보게 되니, 감격이 넘칩니다. 하나님의 얼굴을 날마다 보게 하시니 감격스럽습니다. 죄의 유혹을 물리치고, 하나님의 자녀 된 자리를 지키게 하시옵소서. 죄를 지어 하나님께서 얼굴을 가리지 않게 해주시기를 원합니다.

예수님의 이름으로 기도드립니다. 아멘.

02 _네게 주시는 땅에서

하나님 아버지,

저에게 평안을 누리게 하셨음에 찬양을 드립니다. 하나님의 권속으로 택함을 받아 날마다 천국의 모습을 보게 하심에 감사드립니다. 그러나 받을 복만 생각을 하였지 하나님 앞에서 온전하지 못하였음을 고백합니다. 하나님의 사랑을 받는 자녀로 존귀하게 여겨주셨지만 저의 행실은 거룩함에 부족하였으니 용서해 주시옵소서.

한 날을 새로운 마음으로 시작하려 합니다. 성령님의 인도하심에 순종해서 모든 사람, 모든 일에 대하여 하나님의 공정하심을 나타내어 보이게 하시옵소서. 어떤 사람에 대하여서나 어떤 일에서든지 하나님의 마음을 묵상하며 순종하기를 원합니다.

오늘, 진리의 말씀과 번성케 하시는 은혜로 범사에 잘 되는 것을 보게 해주심을 믿을 때, 감사드립니다. 여호와의 능하신 손으로 구원하실 것을 바라며 전심으로 섬기며 살아가도록 복을 내려 주시옵소서.

하늘에 마음을 두고 지내면서 저의 날이 길어짐을 누리게 하시옵소서. 살아가라고 저에게 주신 땅에서 섬겨야 할 일들이 많이 있음을 보여 주시옵소서.

거룩한 몸의 한 지체로서 세상을 섬길 때, 주님의 빛이 비추어지고, 주님의 성품을 닮아가는 은혜를 주시옵소서.

예수님의 이름으로 기도드립니다. 아멘.

03 _주의 말씀은 등이요, 빛

하나님 아버지,

주 예수님께 저의 인생을 의탁하고, 염려와 근심이 없이 지내게 하신 은혜에 감사로 영광을 드립니다. 생명의 말씀을 가까이 하게 하시고, 그 말씀을 묵상하며 지내게 해주셨음에 감사드립니다.

제가 구원의 길을 걸어갈 수 있도록 하나님의 말씀이 등이 되어 주고, 빛이 되게 하셨는데, 성경을 가까이 하지 못했음을 회개합니다. 마음이 분주하고, 바빠서 성경을 한 구절도 읽지 못하고 지낸 날들이 많았음을 고백합니다. 주님, 용서하시옵소서.

남들로부터 성도라 불리는 이름, 그 만큼의 거룩함을 지니도록 하시옵소서. 의를 이루고, 하나님의 뜻을 성취하기 위해서라면 짊어져야 할 십자가를 지게 하시옵소서. 성도라고 하셨으니 그 이름으로 인해 찾아 오는 많은 시련과 고난도 달게 받아들이게 하시옵소서.

제가 세상에서 고난을 겪는 만큼 하나님께 대하여 의를 이루어가게 되는 줄로 믿습니다. 그 고난이 단련의 시간이 되어, 성령님께서 저를 그만큼 거룩함에 이르게 하실 것을 확신합니다.

이 시간에, 저의 심령이 주님의 피로 적셔지기를 원합니다. 주님께서 2천여 년 전에 갈보리에서 쏟으셨던 피가 오늘을 사는 저의 심령에 뿌려져 저의 심령이 뜨거워지길 원합니다.

예수님의 이름으로 기도드립니다. 아멘.

04 _가르쳐 보이고

하나님 아버지,

영생의 은혜를 받아 영원히 살도록 해주셨음에 감사드립니다. 날마다 성령님께서 이끌어 주시니 감격스럽습니다. 마땅히 성령님을 가까이 하고, 천국 백성의 행실을 사모하도록 가르침을 주옵소서.

그런데 게을러서 하나님의 가르치심에 마음을 두지 못했던 죄를 고백합니다. 하나님께서는 저를 가르치기 원하셨지만 저는 그 가르침에 주의를 기울이지 않았습니다. 하나님의 가르치심을 마음으로 받지 못한 죄를 용서해 주시옵소서.

오늘, 저를 주목하시는 하나님을 바라보게 하시옵소서. 저에게 훈계하시는 그 음성을 듣게 하시옵소서. 배웠다는 것은 순종하는 것으로 응답된다고 여깁니다. 그 가르침 앞에서 아브라함의 하나님께 절대 순종하는 믿음을 배우게 하시옵소서.

오늘, 하나님과의 관계에서 기꺼이 순종하는 자리에까지 이르게 하시옵소서. 하나님께서 원하시면 다 내어드릴 만큼 순종하도록 저를 가르쳐서 이끌어 주시옵소서.

하나님 앞에서 온전한 삶을 주셨으니, 하나님을 섬기고, 세상에서 하나님의 사람으로 지내도록 부르심을 받았음을 잊지 않게 하시옵소서. 저의 삶, 우선순위에 섬김과 봉사가 있음을 새롭게 하시옵소서.

예수님의 이름으로 기도드립니다. 아멘.

05 _범사에 그를 인정하라

하나님 아버지,

주님을 영접한 이후, 하나님 앞에서 살아오게 하심에 감사드립니다. 저의 이름이 하늘의 생명책에 기록되어 천국에 갈 것을 보장받고 지내도록 해주셨음에 감격스러워 합니다.

천국 백성이 되었은즉, 하늘에 속한 자로 살았어야 하는데 몹시 부족했습니다. 마음은 천국, 몸은 땅의 지체로 살아오면서도 아무런 자각도 없었음을 회개합니다. 모든 일에 하나님의 간섭하심이 있으심을 알면서도 저의 의지대로 살아온 죄를 용서해 주시옵소서.

지금부터라도 하나님을 찾기에 열심을 내게 하시옵소서. 하나님을 하나님으로 인정해 드리게 하시옵소서. 제가 살아가야 하는 아주 짧은 시간들을 이끌어 주시고, 선한길로 인도해 주시기를 원합니다.

오늘 이후로, 주님의 뜻을 먼저 찾게 하시옵소서. 가끔은 옛 사람의 습관이 자연스럽게 나온다 해도, 즉시로 깨달아 거절하게 하시옵소서. 성령님께서 저의 습관을 다스려 주시옵소서. 동행해 주시는 주님께 저의 마음을 드리게 하시옵소서.

간절히 원합니다. 하나님 앞에서 복을 취하는 은혜를 내려 주시옵소서. 온전한 삶을 누리도록 은혜를 내려 주시옵소서. 여호와 앞에서 흠이 없는 삶을 살기로 결단하게 하시옵소서.

예수님의 이름으로 기도드립니다. 아멘.

06 _사랑은 모든 허물을

하나님 아버지,

사람이 다투게 되는 이유에 대하여 깨닫게 하시니 감사합니다. 피조물로서 창조주 앞에서 선함이 되어야 했건만 서로 사랑하지 않고, 시기해서지요. 시기가 유혹할 때, 사랑해야 한다는 비밀을 배웁니다.

"미움은 다툼을 일으켜도 사랑은 모든 허물을 가리느니라." 그렇습니다. 시기로 말미암아 미움이 생기면, 그 미움으로 다툼이 되고, 그의 허물을 들춰내려 한다는 것을 잊지 않게 하시옵소서. 그러니, 이 땅에서 사는 날 동안에 모든 사람을 향해서 사랑으로 지내게 하시옵소서. 하나님께서 세상을 사랑하시기 때문이지요.

이웃에 대한 사랑은 하나님을 창조주로 인정해 드리는 신앙자의 삶이라고 깨닫습니다. 우리는 하나님께로부터 지음을 받은 존재로서 서로 사랑해야 되는 줄로 믿습니다. 서로의 존재를 사랑하여 거룩함에 이르게 하시옵소서.

아담과 하와를 사랑하셔서 그들의 허물을 덮어주신 하나님, 그 은총으로 이웃의 '허물을 덮어주려 하는' 사랑으로 섬기게 하시옵소서.

그때, 교회는 사랑하는 사람들이겠지요. 이웃을 대할 때, 다툼이 일으켜질까 주의하여 거룩하게 하시며, 허물이 보일 때, 사랑으로 덮게 하시옵소서.

예수님의 이름으로 기도합니다. 아멘.

07 _인자가 온 것은

하나님 아버지,

죄의 시작이 어디에서부터 왔는지를 알게 하시니 감사합니다. 아담과 하와의 타락 이후에 사람에게 들어온 높아지려는 마음이 충동을 받을 때였지요. 주님의 좌, 우편 자리에 앉고 싶을 때, 야고보와 요한 형제의 탐욕을 유혹받았을 때, 그것을 거절해야만 하는 데서 거룩함의 비밀을 배웁니다.

"섬기려 하고 자기 목숨을 많은 사람의 대속물로 주려 함이니라." 주님께서 세상에 오신 목적을 설명해 주셨습니다. 그렇습니다. 제가 예수님을 따르는 것은 주님의 삶을 살겠다고 결단을 한 것이지요.

오늘, 예수님을 구주로 믿는 자의 삶에 대한 생각을 변화되게 하셔서, 많은 사람의 대속물로 자기를 주려 오신 주님의 삶이 제 삶이 되기를 고백하게 하시옵소서.

제가 원하는 것은 메시아 왕국에서 왕의 다음 자리에 앉는 것이 아님을 분명히 확인하게 하시옵소서. 교만해지려는 생각이 거룩해져야 될 저를 방해하고 있다고 깨닫습니다.

'왕의 다음 자리'는 제 것이 아님을 확인하게 하시옵소서. 혹시라도 그런 욕망이 있다면 회개하게 하시옵소서. 그것은 주님을 믿는 삶과 관계가 없음을 알게 하여 주시옵소서.

예수님의 이름으로 기도합니다. 아멘.

08 _합당하지 아니하고

하나님 아버지,

하나님을 섬김에 부족하면서도 자신에게 타협하여 부족한 것을 당연히 여길 때, 거룩함에 이르지 못한다는 것을 깨닫습니다. 주님의 말씀이 곧 하나님의 말씀이니, 그 말씀을 생각과 행실의 기준으로 삼아야 함을 배웁니다. 자신이 기준이 될 때 죄가 되지요.

"아버지나 어머니를 나보다 더 사랑하는 자는…아들이나 딸을 나보다 더 사랑하는 자도 내게 합당하지 아니하며" 그렇습니다. 부모를 사랑하고, 자녀를 사랑하는 것이 인생의 본분인데 주님께서는 그렇게 하지 않기를 원하셨습니다.

하나님보다도 더 사랑하는 존재가 있음은 그것이 우상이 되기 때문이라고 깨닫습니다, 하나님을 아버지라 부르면서 하나님보다 더 사랑한다면 우상을 숭배함인 줄로 믿습니다.

천국 백성에게 하나님은 우선적인 대상이라고 여깁니다. 본성적으로 죄악에서 인생에게 하나님을 '먼저'의 자리에 모시도록 하시니 감격스럽습니다. 하나님은 저에게 '먼저'라고 고백하게 하시옵소서. 그리고 나아가서 저 자신도 하나님보다 앞에 설 수 없다고 확신합니다. 하나님께 사랑을 바치고 지냄으로써 하늘 아버지의 품에서 보호를 받으며 지내게 하시옵소서.

예수님의 이름으로 기도합니다. 아멘.

09 _왼편도 돌려 대며

하나님 아버지,

거룩하기를 원하면서도 그에 이르지 못하는 것은 복수를 하려는 분노 때문이라고 깨닫습니다. 주님께서 악인에게 복수를 하지 않으셨던 것처럼 악인에게 감정으로 대하지 않아야 함을 배웁니다.

제가 누구입니까? 천국 백성이지요. 대적하지 않겠다고 결단합니다. "악한 자를 대적하지 말라 누구든지 네 오른편 뺨을 치거든 왼편도 돌려대며" 그렇습니다. 오히려 주님께서는 그런 사람의 악함 뒤에 있는 약함을 보셨다고 여깁니다. 하나님께서 그를 사랑하시지요.

뺨을 맞았을 때, 한 대를 갈긴다면 얼마나 시원하겠습니까? 그러나 주님께서 그리하시지 않으셔서 복수를 해서는 안 된다고 여깁니다. 주님은 그런 자에게 왼편을 돌려대셨지요.

천국 백성은 인간관계에서 복수를 거절해야 한다고 깨닫습니다. 도리어 주님처럼 왼편도 돌려대는 너그러움이 있어야 한다고 배웁니다. 그 너그러움이 바로 상대를 불쌍히 여기는 마음이겠지요. 상대에게 오래 참게 하시옵소서. 주님의 가슴으로 대하게 하시옵소서.

주님을 따르는 자로서, 그러한 자들을 측은히 여기셨던 주님의 눈을 갖게 하시옵소서. 복수 대신에 오래 참음으로 자비를 베푸셨던 주님을 따르게 하시옵소서.

예수님의 이름으로 기도합니다. 아멘.

10 _은혜를 주신 것은

하나님 아버지,

예수님으로 말미암아 하나님의 자녀가 된 권세를 누리고 살게 하시니 감사드립니다. 기도하는 지금, 하나님과 함께 하는 시간이 되게 하시고, 주님의 다스리심에 저의 모든 것을 맡기게 하시옵소서.

하나님께서 은혜를 주심은 주의 영광을 위해 살아가라고 주셨는데 저는 은혜를 받음에 만족하고 지냈을 뿐이었습니다. 주님의 사람으로 살아가기 위해서는 고난도 받아야 하였으나 고난 당함을 싫어하였던 죄를 회개합니다. 용서하시옵소서.

믿음에 더욱 힘쓰고, 고난을 견디게 하시옵소서. 저에게 하나님의 심장을 직접 만지는 것을 경험하는 열정을 주시옵소서. 하나님을 가까이 하게 하사 여호와의 응답이 강력하게 나타나고, 성령님의 역사하심을 누리게 하시옵소서.

저의 영혼을 구원하시는 하나님의 사랑으로 고난을 이겨내는 은혜를 주시기 원합니다. 고난의 시간 속에서 여호와를 기뻐하면 마음의 소원을 이루어주신다는 말씀의 약속을 누리게 하시옵소서.

이로써, 저의 입술에 언어의 복이 넘치기를 소원합니다. 하나님의 말씀을 통한 인생의 삶이 되게 하시옵소서. 아침마다 하나님의 약속을 기대하며 기다림을 풍성하게 하시옵소서.

예수님의 이름으로 기도드립니다. 아멘.

11 _ 거룩한 믿음 위에

하나님 아버지,

"거룩한 믿음 위에 자신을" 세우라 하시니 감사합니다. 생활 속에서 자신의 성전(신앙)을 세워가야 한다고 깨닫습니다. 성전이 세워지지 않기 때문에 믿음의 사람이 무너지는 것을 자주 경험하게 되지요.

세상의 공중 권세를 잡은 자는 우리에게 신앙의 집을 지어가도록 후원하지 않는다는 것을 깨닫습니다. 그가 갖고 있는 세상의 권세로 유혹하면서 넘어뜨리려고 갖은 술수를 동원합니다.

이때, 무엇으로 물리치겠습니까? 성령님의 권세와 능력이 물리쳐 주시는 줄로 믿습니다. 주님 앞에서 거룩한 집으로 세워져가는 것을 훼방하는 세력은 성령님의 능력 앞에 고꾸라질 것입니다.

제가 하나님 앞에서 성전으로 세워지기를 원하는 만큼, 성령님께 의존하게 하시옵소서. 저의 각오는 거룩함을 시작하도록 하겠지만 성령님께서 함께 하실 때, 악한 세력을 대적하여 물리칠 것입니다!

오늘, 저의 삶이 성소로 세워져 갈 것을 다짐합니다. 저는 원하지만 유혹에 자기를 내어주어 넘어졌던 날들이 많았습니다. 세상에 물들지 않게 하시고, 세상을 향해서 유혹을 물리치게 하시옵소서. 저의 신앙을 튼튼하게 건축하고, 지켜내는데 더욱 열심을 내게 하시옵소서. 유혹하는 이들이 넘어뜨리려 하는데, 자신을 지켜 지내게 하시옵소서.

예수님의 이름으로 기도드립니다. 아멘.

05 | 전도대상자를 찾기 위하여

01 _사람을 낚는 어부

하나님 아버지,

잃어버린 자식을 찾는 심정으로 지금도 죄인이 돌아오기를 기다리시는 하나님의 마음을 저의 것으로 삼게 하시옵소서. 그리하여 단 한 명에게라도 복음을 전하여 생명에 이르도록 하는 일을 감당하게 하시옵소서.

자신에게로만 집중되었고, 자신의 일을 쫓는 것에 분주했던 저에게 영혼을 찾으시는 하나님의 마음을 깨닫게 하셨습니다. 성령님의 강권하시는 은혜가 임하여 전도하는 일에 쓰임을 받게 하시옵소서.

주님을 믿지 않는 사람을 볼 때, 불쌍히 여겨지게 하시며, 하나님의 자녀가 되도록 복음을 전하게 하시옵소서. 저에게 전도에 대한 마음을 품게 하셨으니 구원하시려는 영혼을 만나게 해 주시기를 빕니다.

이 시간에, 한 영혼을 천하보다 귀하게 여기시는 하나님의 마음이 저의 마음이 되게 하옵소서. 지옥으로 끌려가는 한 영혼을 건지시려고 예수님께서 십자가를 지신 사실을 기억하게 하시옵소서.

인생의 구원이 귀한 일이기에, 아들 예수님도 십자가에서 제물이 되게 하셨음에, 영혼의 가치를 깨닫기 원합니다. 저를 사람을 낚는 어부로 부르셨으니 복음을 전하여 그 은혜에 순종하게 하시옵소서.

예수님의 이름으로 기도드립니다. 아멘.

02 _사람을 강권하여 데려다가

하나님 아버지,

이 순간에도 지옥불로 끌려들어 가는 이들의 영혼에 대한 애타는 마음을 주시옵소서. 자신이 어디로 가는지도 모르고, 불쌍하게 살아가는 그들에게 주님의 보혈을 전하여, 죄를 씻음 받고, 하나님의 자녀가 되도록 전도하게 하시옵소서.

저의 주변에 있는 이들 중에는 예수님을 믿지 않는 이들이 많습니다. 제가 그들에게 복음을 전하지 않았음을 죄로 깨닫게 됩니다. 십자가에 달리신 주님의 마음을 갖고, 그들을 품게 하시옵소서. 함께 지내게 하심에는 전도의 기회가 주어졌음을 깨닫습니다.

천국의 복음을 전파하기 위해서 이 땅에 오신 주님을 묵상합니다. 저에게도 주님께서 품으셨던 전도의 소원으로 가슴이 뜨거워지게 하시옵소서. 저를 구원해 주신 하나님의 은혜를 깨달아 빚진 자의 심정이 되게 하시옵소서.

죄인의 멸망을 기뻐하지 않으시는 하나님의 마음을 품게 하시옵소서. 이 시간에, 성령님의 충만하심으로 제가 전도의 영으로 인도받게 하옵소서. 죄인들이 구원을 받아 영생의 잔치에 초대되기를 기다리시는 하나님의 마음을 저에게 주시옵소서.

예수님의 이름으로 기도드립니다. 아멘.

03 _구원을 주시는 하나님

하나님 아버지,

복음을 전하는 일에 열정을 품게 하시는 하나님을 찬양합니다. 한 영혼을 구하여 천국 백성으로 삼으시려는 하나님의 사랑으로 저의 가슴이 뜨거워지게 하시옵소서. 전도가 어렵다거나 말 주변이 없어서 전도가 힘들다든지, 전도는 은사를 받은 사람만이 할 수 있다는 생각을 버리게 하시옵소서. 주님의 보내심으로 나아가기 원합니다.

죄인을 구하시려는 하나님의 사랑이 저의 마음에 타오르기를 원합니다. 저의 심령이 영혼을 구하는 일에 목마르게 하시며, 성령님께서 강권해 주시옵소서. 저의 마음이나 말, 또는 행동을 사용하여 죄인의 영혼을 구하시려 하시는 하나님의 마음을 품게 하시옵소서. 제가 복음을 전할 수 있도록 구원을 사모하는 영혼을 붙여주시옵소서.

주인이 자기의 종에게 일러, "길과 산울가로 나가서 사람을 강권하여 데려다가 내 집을 채우라"하신 하나님의 심정인 것을 깨닫기 원합니다. 죄인이 돌아오기를 기다리시는 하나님의 심정으로 복음을 전하여 교회를 채우게 하시옵소서.

죄인의 생명을 귀하게 보시고, 예수님이 대신 죄 값을 치러 구원에 이르게 하셨음을 믿고 오늘, 저에게 이 복음을 전하도록 들어야 할 자를 만나게 하셔서 예수님을 구주로 영접하는 사건을 보게 하시옵소서.

예수님의 이름으로 기도드립니다. 아멘.

04 _이 계명을 주께 받았나니

하나님 아버지,

생명을 살리기 위하여 복음을 전할 때, 부끄러움을 느끼지 않게 하시옵소서. 낯선 사람을 만나는 것을 두려워하지 않는 마음을 주시옵소서. 처음 대하는 사람이지만 그를 사랑하시는 하나님의 눈으로 쳐다보게 하시옵소서. 성령님께서 강하게 붙잡아 주시옵소서.

성령님께서 이끄시는 대로, 사람들에게로 다가 가게 하시옵소서. 그들 중에, 한 사람을 전도대상자로 품게 하시옵소서. 한 영혼의 구원을 위해서 수고하는 은혜를 누리게 하시옵소서.

하나님의 구원계획의 대상이 된 영혼을 구합니다. 구원의 시간이 임박한 영혼을 만나게 하시옵소서. 복음을 들어 구원에 이를 시간이 된 영혼을 붙여 주시옵소서. 복음을 전해 주기를 기다리는 심령에게 저를 보내 주시옵소서.

제가 하나님을 사랑하기 때문에, 이웃에게로 다가가서 섬기는 은혜를 보게 하시옵소서. 단지 하나님의 사랑으로 이웃을 사랑하는 제가 되기를 원합니다. 그가 혹시 낙심 중에 있을지라도 여전히 그를 사랑하시는 하나님이심을 알게하옵소서.

사람을 품어 하나님의 사랑이 우리 안에 풍성해지게 하시옵소서. 전도대상자로 선택하여, 섬기게 하시옵소서.

예수님의 이름으로 기도드립니다. 아멘.

05 _고통 받는 곳에 오지 않게

하나님 아버지,

오늘, 하나님을 사랑하기에, 우리의 형제가 되는 불신자들의 영혼을 품게 하시옵소서. 우리 주님을 믿던지, 믿지 않든지를 떠나 그들을 위하여 기도하게 하시옵소서. 저에게 불신자들을 위하여 간구하는 은혜를 풍성하게 하시옵소서. 그리하여 이 기도를 통해서 그들에게 전도자로 다가가게 하시옵소서. 영혼을 사랑하시는 전도의 영으로 제 가슴이 뜨거워지기를 소원합니다.

늘 마주쳤던 사람들 중에, 전도대상자로 선택하게 하시옵소서. 그의 영혼을 가슴에 품고 구원함에 이르도록, 천국의 백성이 되도록 기도하게 하시옵소서. 제가 그들을 품음으로 말미암아 하나님의 나라가 이 땅에서 이루어 지기를 빕니다.

제가 늘 욕심이 내되, 그 욕심을 영혼을 구원하는 곳에 두기를 원합니다. 지옥에 갈 수 밖에 없는 영혼을 구하여 하나님의 자녀로 올려 드리게 하시옵소서. 생명을 하나님께 바치는 은혜를 경험하게 하시옵소서. 영혼을 구원하는 일꾼이 되어 사는 한 날이 되기를 빕니다.

성령님께서 저의 마음을 강권하셔서 복음을 들을 자들을 찾아내게 하시고, 그를 사랑으로 섬기게 하시옵소서. 세상에 드러내어야 하는 하나님의 사랑을 복음을 전하는 일로 나타내게 하시옵소서.

예수님의 이름으로 기도드립니다. 아멘.

06 _구원-하나님의 선물

하나님 아버지,

제가 복음을 전할 영혼을 만나게 하시옵소서. 죽어가는 죄인을 위하여 기도하게 하시며, 전도로 말미암은 상을 바라보게 하시옵소서. 영혼을 구하는 일이 저에 대한 부름의 상임을 깨달았으니, 제가 전도해야 할 영혼을 섬기기를 원합니다.

지금, 하나님의 구원해 주심에 목말라 있는 영혼에게로 저를 보내 주시옵소서. 구원의 진리에 갈급해 있는 불신자를 만나게 하시옵소서. 제가 오늘, 길을 가던지 혹시 어떤 사람을 만나게 되던지 사람에게 주목하여 구원을 기다리는가를 살피게 하시옵소서.

우리의 허물과 죄 때문에 고난을 당하신 주님의 사랑이 저로 하여금 전도대상자를 품게 하시기를 빕니다. 주님께서 우리 대신에 십자가에 달려 피를 흘려주신 은혜를 나누기 위하여 전도대상자로 삼게 하시옵소서. 비로소 복음의 빚을 갚을 수 있음을 기억합니다.

하나님께서 구원을 기뻐하시며, 복음을 전할 전도대상자가 누구인지 알려 주시옵소서. "주 예수를 믿으라 그리하면 너와 네 집이 구원을 얻으리라"는 약속이 성취되는 은혜를 보여 주시옵소서. 저를 통해서 생명의 복음이 모든 이들에게로 흘러들어가게 하시옵소서. 이 일을 위하여 늘 기도로 살아가도록 인도해 주시옵소서.

예수님의 이름으로 기도드립니다. 아멘.

07 _나와 함께 낙원에

하나님 아버지,

죽어가는 형제의 영혼을 구하는 열정을 주셨음에 감사드립니다. 마귀에게 종노릇을 하며, 육신을 위해서 살아가고 있는 ○○○ (형제)를 불쌍히 여겨 주시옵소서.

하나님 앞에서, 그를 위하여 간구할 기도를 알려 주시옵소서. 죄와 저주로 이미 죽은 바 된, 그의 영혼이 거듭나기를 바라는 소원을 저의 것으로 여기게 하시옵소서.

저에게 그의 영혼을 전도대상자로 섬기게 하셨으니, 주님께서 구원받을 영혼을 초청하시는 그 시간까지 생명을 품는 은혜를 감당하게 하시옵소서. 이 기회로 말미암아 우리를 위하시는 하나님의 사랑을 배우게 하시며, 주님의 보혈에 감사하게 하시옵소서.

오늘, ○○○ (형제)에게 하나님의 사랑을 보여줄 수 있는 기회를 만들어 주시옵소서. 그를 만났을 때, 그에게 집중하게 하시옵소서. ○○○ (형제)를 인격적으로 섬기면서, 혹시 제가 도와야 할 일이 있으면 주저 말고 섬기게 하시옵소서.

그의 구원을 위해서라면 무엇에라도 대가를 지불할 수 있는 마음을 갖게 하시옵소서. 하나님의 사랑이 예수님에 의해서 우리에게 온 것처럼 저의 한 가지 행동으로 하나님의 사랑을 전하게 하시옵소서.

예수님의 이름으로 기도드립니다. 아멘.

08 _구원의 반석을 향하여

하나님 아버지,

저에게 ○○○ (형제)를 주님의 교회로 인도하려는 소원을 주신 하나님을 사랑합니다. ○○○ (형제)를 성도로 부르시는 하나님의 은혜를 보게 하시옵소서. 그리하여 그가 교회에 대하여 관심을 나타내고, ○○ 교회에 가자고 할 때, 거절하지 않게 하시옵소서.

이제까지 그를 지배하고 있던 사탄의 세력을 무찔러 주시고, 성령님께서 그의 마음을 다스려 주시옵소서. 그가 구원의 은혜를 받는 것을 훼방하는 사탄의 세력을 주님의 이름으로 물리쳐 주시옵소서.

우리의 구원과 영생에 이르는 삶을 위하여 이 땅에 있을 동안에 누리는 복락으로서 교회를 주셨음을 ○○○ (형제)가 깨닫기 원합니다. 제가 부족한 지혜로 교회에 출석할 것을 권면할 때, 하나님께서 그에게 주시는 선물로 받아들이게 하시옵소서.

○○○ (형제)가 교회에 초대되어, 구원의 방주로 들어가는 은혜에 이르기를 소원합니다. 교회에 소속해서 이 땅에서 천국의 삶을 맛보고, 영광의 참 실체인 하나님의 나라를 소망하게 하시옵소서.

성령님의 인도하심에 따라 교회에 발을 들여놓게 하시옵소서. 지금까지 경험했던 자리와는 다른 하나님의 집을 맛보게 하시옵소서. 그리하여 이 땅에서도 천국의 삶을 누리게 하시옵소서.

예수님의 이름으로 기도드립니다. 아멘.

09 _잃어버린 자를 찾아

하나님 아버지,

저를 사람을 낚는 어부로 준비시키시고, 죄와 저주로 말미암아 죽어가는 자를 살리시려고 죄인에게 보내시는 하나님을 주목하게 하시옵소서. 사람을 대할 때, 과연 제가 품어야 할 전도대상자인가를 살피게 하시며, 그에게로 보내시는 성령님의 음성을 듣기를 원합니다.

하나님께서 사랑하시는 사람을 품어 복음을 전하는 은혜에 들어가게 하시옵소서. 영원한 불 못으로 던져질 수밖에 없는 사람을 구하여 영생을 얻도록 하는 수고를 감당하게 하시옵소서. 죄인을 구원해내는 거룩한 사역에 쓰임 받기를 빕니다.

이에, 전도대상자를 사모하니, 품을 만한 영혼을 붙여 주시옵소서. 주님께서 찾으시는 잃어버린 자를 찾도록 하시옵소서. 지옥불로 끌려가는 것도 모른 채 세상의 즐거움에 취해 있을 영혼을 저에게 붙여 주시옵소서. 주님의 사랑을 전하기를 빕니다.

오늘, 제가 만나는 사람들 가운데 품어야 할 이가 있음을 생각합니다. 누구든지, 어디에서든지 사람을 만나게 될 때, 하나님께서 구원하시기를 기뻐하시는 사람을 주목하게 하시옵소서.

한 사람이라도 소홀히 보거나, 소홀히 대하지 않게 하시옵소서. 복음을 전하기 위해, 걸음을 내딛게 하시옵소서.

예수님의 이름으로 기도드립니다. 아멘.

10 _온 천하에 다니며

하나님 아버지,

영벌에 이를 자들을 구원에 이르게 하시려고 하나님께서 사람이 되셨음을 잊지 않게 하시옵소서. 주님이 우리에게 오심과 같이, 저를 흑암에 있는 하나님의 백성에게로 보내심을 깨닫게 하시옵소서.

성령님의 강권하심으로 ○○○ (형제)를 전도대상자로 정하였으니, 그를 가슴으로 품게 하시옵소서. 이전에는 생각해보지도 못하였으나 그를 사랑하시는 하나님의 마음으로 그에게 다가가게 하시옵소서. 그를 위하여 준비되어 있는 하늘의 복을 알려 주게 하시옵소서. 주님의 이름으로 그를 축복하게 하시옵소서.

○○○ (형제)를 위하시는 하나님의 마음을 가지고, 그를 대하게 하시옵소서. 하나님께서 그에게 주신 은사가 무엇인지를 살펴 격려하게 하시며, 서로 사랑의 관계 안으로 들어가게 하시옵소서. 복음은 주님의 핏값으로 값없이 주신 것이기에 ○○○ (형제)도 이 하나님의 은혜에 동참할 수있는 은혜를 허락해 주시옵소서

○○○ (형제)가 생명에 이르는 복음을 듣는데, 마귀의 훼방이 없게 하시옵소서. 성령님께서 그에게 복음을 전할 수 있는 기회를 만들어 주시옵소서. 복음을 서로 나눌 때, 믿음을 선물로 주시는 하나님의 영이 그에게 충만하기를 빕니다.

예수님의 이름으로 기도드립니다. 아멘.

11 _ 눈과 같이, 양털 같이

하나님 아버지,

○○○ (형제)를 사랑하는 자녀로 삼으시고, 이 땅에서 지내는 동안에 하나님 나라의 백성으로 살아가게 하시려는 은총을 ○○○ (형제)에게 베풀어 주시옵소서. 저의 죄가 주홍 같았으나 눈과 같이 희어지게 하시고, 진홍 같이 붉었지만 양털 같게 하신 은혜를 기억합니다.

그 은혜가 ○○○ (형제)에게도 임하게 하시옵소서. 이에, 제가 교회의 출석을 권고하도록 성령님께서 역사해 주시옵소서.

주님의 피로 말미암아 죄 사함의 은혜를 받게 하시려는 하나님의 사랑이 ○○○ (형제)에게 교회로의 출석으로 이루어지게 하시옵소서. 교회의 지체가 됨으로써 하나님의 자녀가 되어, 천국시민의 권세를 즐기게 하시옵소서.

성령님께서 그의 생각과 마음을 주장하셔서 교회를 사모하게 하시옵소서. 부모의 품을 그리워하는 것처럼, 고향의 집을 그리워하듯이 영원히 돌아가야 하는 하나님의 품을 그리워하게 하시옵소서.

그에게 교회에서 예배드릴 것을 권유할 때, 성령님께서 그의 마음에 감동의 소리가 되게 하시옵소서. 지금까지 그를 다스리고 있었던 마귀의 역사를 물리쳐 주시고, 사탄의 권세에서 놓여지게 하시옵소서.

예수님의 이름으로 기도드립니다. 아멘.

06 | 태신자를 위하여

01 _모든 사람이 구원에

하나님 아버지,

죽어가는 영혼에 대하여 생각하게 하시고, 그들이 지옥불로 던져지는 것을 슬퍼하고 계실 하나님을 사랑합니다. 여전히 하나님을 거역하고, 하나님의 영광을 자기의 것으로 삼는 죄인일지라도 사랑하시는 그 마음을 저도 품게 하시옵소서.

하늘과 땅의 모든 권세가 저에게 주어졌으니, 사람을 사로잡고 있는 귀신의 세력을 물리쳐 영혼을 구하는 일에 헌신하게 하시옵소서. 하늘의 권세를 거저 두지 않고, 복음을 구하는 일에 사용하게 하시옵소서.

모든 사람이 구원에 이르기를 원하시는 하나님의 소원이 저의 것이 되게 하시기를 빕니다. 하나님의 사랑으로 제가 오늘, 영생의 복락을 누림에 감사하여 복음을 전하는 일에 저 자신을 올려 드리게 하시옵소서.

죄인들이 하나님께로 돌아오기를 기다리시는 주님의 마음을 품게 하시옵소서. 하나님이 자녀로서 마땅히 아버지의 뜻을 이루어드리기를 소원하게 하시옵소서.

이제, 사람들을 만날 때, 하나님께서 사랑하시는 형제(자매)로 바라보게 하시옵소서. 그들을 사랑하시는 하나님의 사랑을 깨달아 복음을 전해야만 하는 전도대상자로 보게 하시옵소서.

예수님의 이름으로 기도드립니다. 아멘.

02 _그 영혼을 사망에서

하나님 아버지,

주님의 제자가 될 때, 사람을 낚는 어부가 되게 하시겠다고 저에게도 말씀하셨음을 기억합니다. 새벽에 기도하실 때, 전도를 위하여 간구하시며 바로 전도를 위하여 세상에 오셨다고 말씀하신 주님의 일을 이어가게 하시옵소서.

주님을 따라 전도자로 살려는 비전을 품기 원합니다. 복음을 받았으니, 이 복음을 거저 주고자 하는 대상을 만나게 하시옵소서. 저의 전도로 말미암아 하나님의 자녀가 될 사람을 만나게 하시옵소서.

저의 말이나 행동으로 구원을 받을 영혼을 섬기게 하시옵소서. 전도를 위하여 복음을 전할 만한 사람을 찾게 하시옵소서. 부지런히 사람들에게로 가서 복음을 전하게 하시옵소서.

오늘, 영혼을 구하려는 마음을 주셨으니, 저의 입술로 복음을 증거해서 생명으로 인도할 영혼을 만나게 해 주시옵소서. 전도할 영혼을 구합니다. 하나님께서 구원하실 영혼을 저에게 붙여 주시옵소서.

죄인을 미혹한 길에서 돌아서도록 하라는 말씀에 순종할 준비를 갖추게 하시옵소서. 자기의 죄에 빠져 허우적거리는 이를 찾아가는 구원에의 열정을 품게 하시옵소서. 불의를 모르고, 패역한 상태에 놓여 진 심령을 찾아가는 열정을 품게 하시옵소서.

예수님의 이름으로 기도드립니다. 아멘.

03 _골육의 친척을 위하여

하나님 아버지,

전도에 헌신할 것을 저의 마음에 품게 하신 하나님을 찬양합니다. 생명을 살리는 거룩한 일에, 헌신을 작정했으니, 이 마음이 전도의 열매로 나타나도록 성령님의 인도하심을 원합니다. 성령님의 인도하심에 따라 전도할 영혼에게 다가가게 하시옵소서.

이제, 간절히 원하기는 사람의 말이 아니라, 생명을 구원함에 이르게 하시는 하나님의 말씀을 전하게 하시옵소서. 성령님의 이끄심에 따라 순종하여 태신자를 삼게 하시옵소서.

제가 말이 서툰 가운데서도 생명에 이르는 복음을 전하게 하시며, 전도대상자의 심령에 복음을 듣고, 믿음으로 반기는 능력이 나타나게 하시옵소서. 성령님께서 저의 마음과 입술을 사용하시고, 전도대상자에게는 복음을 들을 수 있는 귀를 갖게 하시고, 그 말씀이 믿어지는 믿음을 선물로 주시옵소서.

오늘, 하루를 지내면서 만나는 사람들에게 주목하는 은혜를 내려 주시옵소서. 저의 삶에서 매일, 매일 부딪치는 사람들, 그리고 처음으로 만나게 되는 사람들, 우연히 마주치는 사람들 속에서 복음을 전할 영혼을 보게 하시옵소서. 구원에 이르도록 하나님의 시간에 작정된 영혼을 찾아내게 하시옵소서.

예수님의 이름으로 기도드립니다. 아멘.

04 _그 사랑이 우리를

하나님 아버지,

집을 나간 아들이 돌아오기를 기다리는 아버지의 심정으로 우리를 기다리시는 하나님의 마음을 저에게 주시옵소서. 잃어버린 바 된 자녀를 찾으시는 사랑을 갖고 불신자에게로 다가 가기를 원합니다.

우리를 살리시려고 자기 아들을 십자가에 내어주어 죽게 하셨던 하나님의 사랑을 증언하게 하시옵소서. 저의 말과 행동에 세상을 사랑하시는 하나님의 사랑이 전달되게 하시옵소서. 그리하여 그 영혼이 하나님의 품에 안기기까지 수고를 다하게 해 주시기를 원합니다.

길과 산울가로 종을 내보내어 잔치 자리를 채우게 했던 주인의 마음을 지니게 하시옵소서. 죄인 한 사람에게 복음을 전해 하나님의 품으로 돌아오도록 하는 일에 저를 드리게 하시옵소서.

성령님의 강권하시는 은혜로 태신자를 품게 하시옵소서. 하나님께서 구원에 이르기를 계획하신 영혼을 품도록 인도해 주시옵소서. 이 시간에, 태신자를 사모하기를 더욱 간절하게 하시고, 전도대상자로 선택할 영혼을 행해서 간절하게 하시옵소서.

죄인을 구하시려고 십자가에 달려 보혈을 흘리신 예수님의 사랑이 저의 가슴을 태우기 원합니다. 그 사랑이 태신자에게로 달려가게 하시옵소서.

예수님의 이름으로 기도드립니다. 아멘.

05 _해산하는 수고를 하노니

하나님 아버지,

하나님의 사랑의 대상인 ○○○ (형제)를 태신자로 품게 하셨음에 감사드립니다. 저의 기도와 사랑을 통해서 그를 출산하는 날까지 품게 하시옵소서. 오직 ○○○ (형제)가 교회로 인도되기까지 영적인 임신의 기쁨을 즐거워하게 하시옵소서.

태신자를 작정하고, 그의 영혼을 품으며 기도하게 하시는 하나님을 찬양합니다. 하나님께서 구원하시기로 작정한 사람을 전도대상자로 삼아 마음에 품게 하심을 즐거워합니다. 그에게 다가가서 사랑의 관계를 형성하고, 그 관계 안에서 하나님의 사랑을 나누게 하시옵소서.

저의 사랑에서 하나님의 자비를 보이게 하시옵소서. 저에게도 영혼을 추수할 수 있는 거룩함을 주셨으니 새 생명을 낳기위해 순산할 때까지 대가를 지불하려는 결단을 경험하게 하시옵소서. 그에게 복음을 전할 때, 아멘으로 응답하여 구원을 받는 기쁨을 주시옵소서. 그 복음으로 진리를 아는 데까지 이르게 하시옵소서.

이를 위하여 저에게 그를 태신자로 품게 하셨으니, 출산할 그날까지 오직 기도와 하나님의 말씀으로 섬기게 하시옵소서. 하나님의 은혜 안에서 주님의 십자가 사랑으로 교제하게 하시옵소서. 십자가에서 흘리신 주님의 보혈이 저의 섬김으로 전해지게 해 주시옵소서.

예수님의 이름으로 기도드립니다. 아멘.

06 _주의 길을 굳게 지키고

하나님 아버지,

○○○ (형제)를 태신자로 섬기도록 하신 하나님께 영광을 바칩니다. 저에게도 한 생명에게 전도할 수 있는 기회를 주셨음에 감사드립니다. 죽어가는 죄인이 영생에 이르기를 기뻐하시는 하나님의 손길로 그를 대하게 하시옵소서.

오직 그가 예수님을 구세주로 영접할 수 있도록 그에게 저의 마음을 집중하게 하시옵소서. 그에게 제가 받은 하나님의 자비하심을 나누어 하나님의 은혜를 간접적으로 체험하게 하시옵소서.

예수님의 이름으로 승리하는 생활을 나누어 그가 그리스도를 따르기를 원하는 마음을 갖게 하시옵소서. 제가 그에게 하나님을 보여주는 도구가 되기를 간구합니다.

그의 영혼을 위하시는 하나님의 사랑으로 그를 섬기게 하시옵소서. 그에게 사람으로서는 느껴보지 못했던 하나님의 사랑을 나타내 보이게 하시옵소서. 그를 섬김에서 친절히 대하게 하시며, 그에게 유익한 친구가 되어줌으로써 복음을 전할 기회를 만들게 하시옵소서.

제가 사람들을 대할 때와는 전혀 다른 가슴으로 그를 만나게 하시옵소서. ○○○ (형제)를 대할 때, 그에게 저를 보내시는 하나님께 주목해서 관계를 갖게 하시옵소서.

예수님의 이름으로 기도드립니다. 아멘.

07 _네 이웃을 네 몸과 같이

하나님 아버지,

전도하는 것에 소원을 품게 하시고, 한 영혼이 하나님의 자녀로 살아가는 것을 바라며 기도하게 하시니 감사드립니다. 이제껏 지내오면서 한 사람에게 마음을 두고, 기도하면서 그를 위해 본 적이 없는데, 전도를 통해서 하나님의 참 사랑을 느끼며 살게 하셨음을 기억합니다.

하나님의 사랑 안에서 ○○○ (형제)를 태신자로 품기 위해서 이제까지 기도해 오게 하신 하나님께 감사드립니다. 태신자 전도에 대한 열정을 느끼게 하시고, 오늘까지 ○○ 일 동안 기도해 오게 하신 성령님의 인도에 감사드립니다.

성령님의 감동에 따라 지옥으로 끌려가는 영혼을 불쌍히 여기게 하시옵소서. 그 영혼, 제가 사랑하고, 섬겨야 할 존재라는 것을 가슴에 담게 하시옵소서. 하나님의 사랑이 저에게 임하여 구원을 받게 하심 같이 ○○○ (형제)에게도 그 사랑이 임하기를 빕니다.

그를 하나님께로 인도하고자 기도하는 시간에, 영혼에 대한 사랑을 배우게 하시옵소서. 제 몸을 사랑하듯이 그의 이름을 부르게 하시옵소서. 죄로 말미암아 죽어갈 수밖에 없는 사람을 살리는 일에 쓰임을 받게 하셨으니 감격하게 하시옵소서. 그를 위하여 기도하는 시간을 게을리 하지 않게 하시옵소서.

예수님의 이름으로 기도드립니다. 아멘.

08 _지극히 작은 자 하나에게

하나님 아버지,

오늘, ○○○ (형제)를 만났을 때, 그를 사랑하게 하시옵소서. 제가 복음을 전하기 전에, 그가 하나님의 사랑을 느끼게 하시옵소서. 저에 대한 감동이 그에게 하나님께로 이르는 동기가 되게 하시옵소서. 단지, 그에게 복음을 전하려는 수단으로 사랑하지 않게 하시옵소서.

하나님의 사랑을 갖고, 진심으로 그를 사랑하여 섬기게 하시옵소서. 하나님의 사랑이 풍성해지는 즐거움을 누리게 하시옵소서. 저의 전도하는 행위를 하나님께 올려 드리게 하시옵소서.

만일, 그가 어떤 곤경에 처해 있다면 그것을 도움으로써 하나님의 영광을 구하게 하시옵소서. 지금 그가 주린 형편이나 목이 마른 형편, 나그네 된 심정이거나 벗고 있다면 돕게 하시옵소서.

○○○ (형제)에게 하나님의 사랑을 드러내기 위해서 시간을 드리게 하시옵소서. 영혼을 구하는 일에, 물질이 사용되어져야 한다면 기쁨으로 감당하게 하시옵소서. 저에게 있는 모든 것을 함께 함으로써 우리 안에서 천국의 모습이 보여 지기를 원합니다.

그를 저에게 태신자로 섬기게 하셨으니, 그가 예수님을 구주로 영접하여 건강한 생명으로 출산되기까지 기도를 쉬지 않게 하시옵소서. 무엇이라도 그의 출산을 위해 쓰여 지도록 준비하게 하시옵소서.

예수님의 이름으로 기도드립니다. 아멘.

09 _너희를 택하여 세웠나니

하나님 아버지,

오늘, 주님의 보내심으로 ○○○ (형제)에게 사람이 하나님의 사랑을 받지 못하고, 아버지의 은혜를 누리지 못함에 대하여 알게하여 주시옵소서. 사람이 하나님께 죄를 지었으므로 하나님께로부터 분리되어 비참함에 이른 사실을 말해주기 원합니다.

구원의 진리를 알아듣기 쉽도록 설명하게 하시옵소서. 사랑이 많으신 하나님께서 ○○○ (형제)가 예수님을 믿어 구원을 받게 하려는 것이 하나님의 소원임을 전해 주게 하시옵소서. 그를 자녀로 선택하시고, 왕 같은 제사장으로 삼으시려는 은혜의 계획에 대하여 알려 주게 하시옵소서.

저를 제자로 부르신 주님을 묵상합니다. 저를 제자로 삼아 이 땅에서 하나님의 나라가 이루어지기를 간구하게 하신 주님이십니다. 주님의 뜻에 따라 사랑하는 그를 바라보게 하시옵소서. 그에게 주님께서 얼마나 사랑하시는지를 알려주도록 은혜를 내려 주시옵소서.

제가 그에게 복음을 전하면서, 하나님께서 그를 거룩한 나라로 삼으셔서 하나님의 영광을 나타내려 하심도 알려 주기를 원합니다. 이 시간에, 성령님께서 저의 입술을 사로잡아 천국의 비밀을 증거 하게 하시옵소서. 그를 위하시는 하나님의 자비를 들려주게 하시옵소서.

예수님의 이름으로 기도드립니다. 아멘.

10 _ 그 이름들이 생명책에

하나님 아버지,

사랑하는 ○○○ (형제)에게 마음으로 믿고 입으로 시인하여 구원에 이르는 결단을 촉구하도록 은혜를 내려 주시옵소서. 그가 자기의 구원을 위해서 결단하려 할 때, 사탄의 훼방이 없게 하시옵소서. 그의 결신을 돕기 위해서 영접 기도를 할 수 있게 하시기를 빕니다.

제가 인도하는 영접 기도를 그가 따라서 간구하도록 은혜를 내려 주시옵소서. 예수님의 보혈로 자신의 죄를 씻어 주시기를 진심으로 빌게 하시옵소서. 그의 심령에 성령님께서 들어오시기를 빕니다.

오늘 제가, 그의 영혼을 죄와 사망으로부터 구하시기를 원하시는 하나님의 일에 협력하게 하시옵소서. 하나님의 뜻을 이루어드림이 저의 소원이 되기를 빕니다. 그에게 복음을 들을 만한 역사가 임하도록 중보하게 하시옵소서.

성령님의 구원 역사를 위해서 밤에 일어나 부르짖게도 하시옵소서. 오직 저의 소원이 그를 죽음의 땅에서 하나님의 나라로 옮겨지는 것임이 되게 하시옵소서. 이어서, 영접 기도 후에, ○○○ (형제)가 하나님의 자녀가 되었음을 선포하도록 저에게 담대함을 주시옵소서. 살아계신 주님께서 그의 안에 계시며, 그의 삶을 인도하신다는 사실을 전하게 하시옵소서.

예수님의 이름으로 기도드립니다. 아멘.

11 _우리가 먹고 즐기자

하나님 아버지,

하나님께서 사랑하고 계신 ○○○ (형제)에게 교회에 갈 것을 권유하는 시간을 만들어 주시옵소서. 서로를 신뢰하는 가운데 ○○교회를 소개할 수 있는 기회가 만들어지기를 간구합니다.

그가 교회의 지체가 되어서 천국 백성의 모형적인 삶을 향유하게 하시옵소서. 저에게 교회를 사모하도록 하셨던 은혜가 오늘, 그에게도 내려지게 하시옵소서. ○○ 교회에 가자는 말이 그에게 선물이 되게 하시옵소서.

그가 돌아가야 하는 영적인 본향으로서의 교회에 대한 반가움이 되게 하시옵소서. 그리하여 교회 안에서 하늘로부터 임하는 생명의 양식을 먹고 즐기는 기쁨을 경험하게 하시옵소서.

이 시간을 얼마나 기다려왔는지요?

그를 하나님의 자녀로 인도하기 위해서 참으로 많은 시간을 기도하게 하셨음에 감사드립니다. 이제는 그를 교회로 이끌어 줄 시간인 것을 믿으니, 성령님께서 도와주시옵소서.

자기를 기다리시는 하나님의 품으로 돌아와 아버지를 찬양하게 하시며, 교회를 통해서 베풀어 주시는 은혜에 들어가게 하시옵소서. 하나님의 영광에 참예하고, 거룩한 백성의 반열에 들게 하시옵소서.

예수님의 이름으로 기도드립니다. 아멘.

07 | 새신자를 위하여

 01 _자신의 의지하기를 거절

하나님 아버지,

여호와께 존귀한 ○○○ (성도)님과 이 가정을 축복합니다. 우리가 서로 주 안에서 한 지체가 되어 하나 되게 하셨음을 찬양합니다. 마음으로 하나님의 사랑을 품어 ○○○ (성도)님에게 다가가게 하시며, 짧은 시간이지만, 그를 위하여 두 손을 모으게 하시니 감사드립니다.

사랑하는 지체가 오늘을 살아가는 동안에, 하나님 앞에서 우리 스스로 지혜롭다고 생각하지 않도록 인도해 주심을 빕니다. 그의 생각이나 말에서 하나님을 신뢰하는 증거가 나타나게 하시옵소서.

하나님보다 자신을 의지하는 것처럼 미련하고 교만한 것은 없다는 사실을 잊지 말게 하시옵소서. 자녀들이 겸손하게 부모를 따르듯이, 하나님께 겸손해야 함을 마음에 새기게 하시옵소서.

하나님은 우리보다 지혜로우시므로 우리가 생각지도 않은 길로 인도하실 때가 있으심을 고백합니다. 오늘도, 그에게 좋으신 아버지가 되셔서 인도해 주시기를 빕니다.

이 시간에, 하늘의 문을 여시고 응답해 주시옵소서. 흔들어 누르고, 차고 넘치도록 풍성하게 하시는 하나님의 자비하심을 바라봅니다. 오직 하늘에 마음을 두고 사는 복된 한 날이 되게 하시옵소서.

예수님의 이름으로 기도드립니다. 아멘.

02 _주를 찾기에 갈급해 함

하나님 아버지,

주 안에서, ○○○ (성도)님을 사랑하게 하셨음에 감사드립니다. 그 이름을 떠올릴 때마다 하늘로부터 강권하시는 사랑을 느낍니다. 용광로에서 쏟아지는 쇳물의 뜨거움으로 ○○○ (성도)님의 이름을 입술에 담게 하시니 감사드립니다.

이 은혜가 주님께서 십자가에서 쏟아주신 보혈인 것을 깨닫습니다. 주님께서 저희를 사랑하시되 끝까지 사랑하셨던 것처럼 그를 대하게 하심을 빕니다. 아담과 하와의 범죄로 말미암아 이 세상에는 고난과 슬픔이 떠나지 않음을 생각합니다. 이런 세상에 살다보니 수많은 고통을 맛볼 수밖에 없습니다. 그럼에도 ○○○ (성도)님께 구원의 길을 열어주셨으니, 하나님의 자녀가 되게 하셨음을 기억합니다.

목이 마른 사슴은 혀를 축이기 위해서 한 입의 물을 그리워하며 시냇물을 찾기에 갈급해 합니다. 천국 백성이 된 그에게 여호와의 은혜로 살아가기 위해서 하나님을 찾기에 갈급해하는 마음을 주시옵소서.

오늘도 예비하신 하늘의 복으로 그와 그의 가정을 둘러 주시옵소서. 성도의 교제를 나누면서 예배하게 하셨으니 이 가정의 지체들이 아브라함의 제단에 내려진 복을 받게 하시옵소서.

예수님의 이름으로 기도드립니다. 아멘.

03 _낙심과 불안을 버림

하나님 아버지,

오늘, 하늘의 문을 여시고, ○○○ (성도)님께 복을 내려 주시옵소서. 우리의 시민권은 하늘에 있으나 이 땅에서 죄의 결과로 말미암은 고통의 삶을 오직 인내로서 이겨야 할 것에 대한 깨달음과 은혜를 내려 주심을 빕니다.

염려와 실패의 홍해를 건너게 하시며, 좋은 것으로 기쁨이 되게 하시는 일들로 말미암아 만나와 메추라기의 기적을 보게 하시옵소서. 때마다, 일마다 나를 도우시는 하나님께 찬양을 드리는 귀한 가정이 되게 하시옵소서.

기도의 인내함으로 하루, 하루의 삶을 살아가도록 이끌어 주시옵소서. 죄의 형벌로 말미암아 하나님의 심판 아래 놓여 진 이 땅에서의 삶은 낙심하게 하고, 불안하게 한다는 것을 직시하게 하시옵소서.

그러나 우리에게 소망이 있음은 하나님을 바라봄입니다. 사람이 자기 자신을 바라보면 하나님을 보지 못함으로 인하여 실망할 수밖에 없음을 기억하게 하시옵소서.

사실, 저희들은 사회적으로 소외되고, 무능하며, 실패한 자신을 생각하면 낙심하게 됩니다. 실패한 자신을 보기를 거절하고, 여호와께서 나를 위하여 도우시는 것을 기대하게 하시옵소서.

예수님의 이름으로 기도드립니다. 아멘.

04 _사모해야 할 교회

하나님 아버지,

오늘도 하나님의 자비하심이 ○○○ (성도)님에게 나타나 성령님께 충만하기를 빕니다. 이제까지와 같이, 여호와의 백성으로 살아가고자 할 때, 하나님의 말씀으로 위로를 받게 하시옵소서.

그에게 하나님을 아버지로 사랑할 때, 그를 하나님께서 만나 주시며, 복을 베풀어 주시는 ○○교회에 대하여 새로운 깨달음을 얻게 하시니 감사드립니다. 주님의 몸으로서 교회를 사모하는 마음을 갖게 하셨음에 감사드립니다.

오직 하나님을 사랑하는 마음을 주시고, 하나님께서 함께 해 주시는 교회를 가까이 하려는 마음을 갖게 하시기를 빕니다. 사탄이 틈을 타서 그에게 교회에 대한 방해를 하지 못하도록 막아 주시옵소서.

그가 하나님과 함께 하기를 원한다면 교회로 와야 한다는 사실을 생각하게 하시옵소서. 그리고 교회에서 하나님을 찾을 때, 만나주시고, 함께 하시는 기쁨을 누리게 하시옵소서.

교회를 사모하는 마음을 가질 때, 불같은 심령을 주시옵소서. 우리에게는 교회가 영원히 사모해야 할 나의 집임을 고백하게 하시옵소서. 교회에서 그를 위하여 은혜를 베풀어 주시는 하나님을 경험하게 하시옵소서.

예수님의 이름으로 기도드립니다. 아멘.

05 _가르침을 사모하는 무리

하나님 아버지,

전에는 알지도 못했던 ○○○ (성도)님을 주님의 십자가 아래에서 만나게 하시니 감사드립니다. 우리가 예수님을 몰랐더라면, 하나님을 아버지로 부르지 않았더라면 그를 만나지도 못했을 것입니다.

십자가에서 흘리신 주님의 보혈이 우리 안에 흘러서 한 지체로 살되, 뜨거운 사랑으로 지내게 하시옵소서. 주님의 은혜로 저희들이 ○○ 교회의 존귀한 지체가 되었음을 감사하게 하시옵소서. 저희들이 하나 됨을 누리도록 주신 교회 안에서 그를 섬기게 하시옵소서.

저희들 서로가 이 땅에서 사는 날 동안에 사랑으로 섬기기를 더하게 하시옵소서. 주님의 보혈로 맺어진 지체들이 되었으니 희락의 공동체가 되게 하심을 빕니다.

그의 이름을 부를 때, 하나님께 영광이 되시기를 빕니다. 저의 작은 입술로 그를 축복할 때, 하나님께는 받으실 만한 영광이 되시옵소서. 이로써 초대 교회의 성도들처럼 사도들에게 가르침을 받으면서, 함께 교제하며 떡을 나누는 사랑으로 들어가게 하시옵소서.

하나님의 말씀이 없는 교제는 사랑의 공동체를 만들지 못한다는 것을 깨닫습니다. 말씀의 가르침에서 서로를 섬기면서 필요를 채워주게 되는 저희들이 되게 하시옵소서.

예수님의 이름으로 기도드립니다. 아멘.

06 _기도와 찬송의 응답

하나님 아버지,

성도님과 저희들에게 하나님의 손을 움직일 수 있는 열쇠를 주셔서 감사드립니다. 사랑하는 지체가 기도로 지내게 하시고, 감사로 고백하며 하나님을 찾게 하시니 감사드립니다. 주 안에서 서로 섬기며 한 가족이 되어 하늘의 영광에 주목하는 기쁨에 감격합니다.

이 세상에서 지내는 동안에, 하나님의 붙들어 주심을 믿으며 소망을 갖습니다. 세상의 삶이 때로는 어렵고 고달프더라도 그가 결코 낙심하지 않게 하시니 감사드립니다. 바울과 실라의 기도와 찬송에 옥 터에 지진이 나고, 그들을 매었던 것이 풀려졌던 것과 같이 그에게도 은혜를 내려 주시옵소서.

아버지가 대신해서 해 줄 때, 어떤 자녀든지 자신보다 큰일을 할 수 있음을 믿습니다. 하나님께서 그를 대신하여 일을 해주신다는 것에 소망을 두게 하시옵소서. 하나님께서는 우리의 삶에 들어오셔서 일을 해주시기를 기다리며 기도하게 하시옵소서. 그에게 기도하게 하시며, 찬송을 부르게 하시니 참으로 감사드립니다.

어떤 어려움이 저희들에게 닥쳐와도 기도하는 혀를 막지 못하고, 찬송하는 입술을 닫지 못함을 믿습니다. 저희들에게 늘 기도와 찬송으로 살아가고자 결단하게 하시옵소서.

예수님의 이름으로 기도드립니다. 아멘.

07 _주의 길을 굳게 지킴

하나님 아버지,

주 안에서, 사랑하는 성도님께서 구원 이후의 은혜를 누리게 하시니 감사드립니다. 그가 날마다 주님과 동행하면서 새 생명으로의 성장을 경험하게 하시고, 빛의 자녀로 살아가기를 소망하게 하시옵소서.

우리는 바울의 고백과 같이, "내가 선한 싸움을 싸우고 나의 달려 갈 길을 마치고 믿음을 지켰으니 이제 후로는 나를 위하여 의의 면류관이 예비 되었다"는 것을 소망해야 할 줄로 믿습니다. 하나님의 나라와 그 영광을 품게 하시옵소서.

그에게 온전한 삶의 은혜를 내려 주시옵소서. 하나님의 자녀로서 여호와 앞에서 흠이 없는 삶을 살기로 결단하게 하시옵소서. 천국의 시민권을 가진 자가 되었으니, 자기를 구별하게 하시옵소서. 그가 세상의 일들을 거절하는 거룩함에 도전하게 하시기를 빕니다.

주님을 알기 전에 바라보았던 것들을 거절하게 하시옵소서. 그의 걸음이 주의 길을 굳게 지키는 것이 되기를 구하게 하시옵소서. 우리가 하나님의 은혜 안에서 믿음을 지키고, 넘어지지 않을 때, 흠이 없는 온전함에 이르는 영광을 취하게 됨을 믿습니다. 그의 생활과 그의 가정에도 성령님의 위로하심과 인도, 보호하심의 은혜가 있어서 희락이 넘치게 하시옵소서.

예수님의 이름으로 기도드립니다. 아멘.

08 _선한 행동을 잃지 않음

하나님 아버지,

하나님의 사랑 안에서 성도님을 섬기게 하시니 감사드립니다. 그를 위하여 기도하도록 이끌어 주시고, 새 신자로서의 성장을 돕도록 저에게 섬김의 시간을 주셨음에 감사드립니다.

그를 사랑하는 동안에, 저 자신이 성장하고 있음을 경험합니다. 그의 이름을 부르는 시간이 저에게는 은혜가 되었고, 이웃을 섬기게 하신 하나님의 사랑은 오히려 저에게 축복이 되었으니 감사드립니다. 구원하시는 하나님의 열심이 성도님과 함께 하시기를 소망합니다.

○○ 교회를 주님의 몸으로 받아들이게 하시고, 교회공동체에서 하나 된 성도들을 섬기는 희락을 자신의 기쁨으로 삼게 하시옵소서. 다윗이 그의 대적들의 악한 행동과 자신이 그들을 대했던 선한 행동을 되새긴 사실을 기억합니다. 다윗은 그의 친구들이 병이 들었을 때에 굵은 베옷을 입고 금식하며, 그의 아픔에 동참했었습니다. 그 마음으로 성도님을 섬기게 하시옵소서.

다윗이 친구들의 슬픔을 자기 슬픔처럼 생각했으며, 그들의 아픔을 자기의 아픔으로 생각했고, 그들의 죄를 자기의 죄인 것처럼 알고 회개했던 행실을 그도 배우게 하시옵소서. 그리하여 진리 안에서 자라가는 은혜를 보게 하시옵소서.

예수님의 이름으로 기도드립니다. 아멘.

09 _굳게 해 주는 교회

하나님 아버지,

주님을 사랑하고, 교회를 즐거워할 성도님께서 어려움을 겪고 계십니다. 이 시간에, 주님의 이름으로 그를 축복합니다. 어서 빨리 그가 어려움으로부터 벗어나 진리 안으로 들어오게 하시옵소서.

우리에게 하나님을 사랑하고, 마음을 굳게 하도록 해주는 울타리가 있는데 바로 교회임을 확인합니다. 우리는 하나님의 집인 교회에서 마음을 굳게 하는 은혜의 자리로 들어가게 하시옵소서.

혹시라도 사탄이 그에게 틈을 타서 미혹할 때, 주님의 피 공로로 물리치게 하시옵소서. 이로써 죄를 이기고 의를 행하는 자녀가 되게 하시기를 빕니다. 주님의 재림 때 하나님 아버지 앞에서 거룩함에 흠이 없게 되는 은혜를 보게 하시옵소서.

그를 혼란스럽게 하기 위해서 사탄은 여러 가지의 역사를 일으키고 있습니다. 그의 생각과 마음에 침투해서 온갖 더러운 역사를 일으키고 있는 마귀를 몰아내어 주시옵소서.

교회공동체를 통해서 하나님의 은혜를 맛보게 하시고, 천국의 신비를 경험하게 하시옵소서. 마귀의 역사가 강할수록 성령님의 함께 하시는 능력이 더욱 강하게 나타나기를 빕니다. 그의 영혼을 구원하셨으니, 누구도 방해하지 못하게 하시옵소서.

예수님의 이름으로 기도드립니다. 아멘.

10 _거룩함에 흠이 없기를

하나님 아버지,

이 땅에서 지내는 동안에 외롭지 않게 하시려고 교회를 주셨으니 감사드립니다. 교회로 말미암아 보이는 몸으로서의 주님과 교제하기에 이르며, 하나님의 은혜를 누리게 하셨음에 찬양을 올려 드립니다.

교회는 주님께서 다시 오시는 그날까지 우리가 머물러 있어야 하는 처소임을 확인합니다. 저희들에게 하늘나라를 소망하도록 ○○ 교회를 주셨으니 감사드립니다. 성도님과 함께 교회생활을 하면서 천국에서의 삶을 모형적으로 즐기게 하시옵소서.

교회에서 시간마다 흘러나오는 생명수를 마셔 영생에 이르게 하시옵소서. 강단을 통해서 주시는 생명의 떡으로 영혼이 힘을 얻게 하심을 빕니다. 교회 안에서 영혼과 육체가 강건하게 되는 은총을 받게 하시옵소서. 교회 공동체 안에서 거룩함에 흠이 없기를 기도하기를 소원하게 하시옵소서.

그래서 주님의 재림 때, 영광스러운 부활의 몸을 입는 복에 참여하기를 소망하는 우리들이 되기를 간구하게 하시옵소서. 교회를 중심으로 살아가는 동안에, 사람 셋을 영접하여 대접했던 아브라함의 은혜가 오늘 그의 것이 되기를 소망합니다. 자의적인 노력이 아니라 성령님의 감동으로 나아가게 하시옵소서.

예수님의 이름으로 기도드립니다. 아멘.

11 _말씀에 삶의 기초를

생명의 주 여호와여,

하나님께서 자녀로 삼아주신 성도님이 하나님의 나라에 마음을 두고 지내 온 것에 감사드립니다. 그 자신이 성령님께 충만하기를 사모하고, 위엣 것에 마음을 두면서 믿음의 진보를 보이게 하셨습니다. 그를 위하시는 하나님의 열심을 봅니다.

마음을 죄악이 주관하지 못하게 하려면 하나님의 말씀이 나를 주관해야 함을 묵상합니다. 그의 모든 언행심사의 바탕이 말씀 위에 있게 하시옵소서.

오직 하나님의 말씀이 그의 삶을 받쳐주지 못하면 그의 삶은 죄악이 주관하게 되어 있음을 생각합니다. 자기의 모든 삶의 뿌리가 말씀에 닿아 있어야만 자신의 마음이 안정되고, 죄악에 흔들리지 않고, 견고하게 됨을 기억하게 하시옵소서.

교회를 멀리하지 않게 하시며, 주일을 사모하며 기다리는 마음을 갖게 하시옵소서. 천국 백성으로서 구별되어야 할 것을 구별하며, 하나님께 집중하는 삶이 그의 원칙이 되기를 원합니다.

그에게 하나님 앞에서 복 있는 사람이 되게 하시옵소서. 사랑하는 지체와 그의 가족이 한 마음으로 신령한 복을 누리게 하시옵소서. 약속된 말씀으로 하나님의 나라를 생각하며 지내게 하시옵소서.

예수님의 이름으로 기도드립니다. 아멘.

2_ 그리하면 너희에게

08. 복 있는 삶을 위하여
09. 생활을 바로하기 위하여
10. 위기에서 소생을 위하여
11. 매일의 채워주심을 위하여
12. 가난함에서 부요를 위하여
13. 질병에서 견딤을 위하여
14. 가정의 자녀를 위하여

08 | 복 있는 삶을 위하여

01 _내가 너와 함께 있어

하나님 아버지,

'내가 너에게 살라고 한 이 땅에서 지내라!' 흉년이 들어 애굽으로 가려 했던 이삭에게 복을 약속하셨던 하나님을 생각합니다. 이삭에게 머무르도록 하신 그 땅은, 하나님께서 아브라함과 그의 후손에게 복을 약속해 주신 곳이었지요.

하나님의 자녀에게는 머무를 수 있는 곳과 머물러서는 안 되는 곳이 있다고 믿습니다. 하나님께서 살라고 하신 곳을 떠나지 않고, 머무를 것을 결단하게 하시옵소서. 그곳에서만 하나님의 동행과 임재하심을 느낄 수 있기 때문이지요.

저에게도 머무르도록 구별해 해주신 곳이 있음에 감사합니다. 하나님께서 정해주신 땅에 머무름은 거룩한 구별이며, 곧 하나님을 기다림이라고 확인합니다. 하나님께서 주신 곳에서 하나님의 약속을 기다려야 한다는 것을 다시금 깨닫습니다.

하나님은 언제나 자기 백성과 함께 하셨으나 성막이 지어진 후에는 성소를 통해서 자기 백성과 함께 해주셨음을 믿습니다. 그렇다면 하나님과 교제가 약속된 교회를 구별된 장소로 지키겠노라 다짐하게 하시옵소서. 교회를 통해서 약속을 주신 복을 기다리게 하시옵소서.

예수님의 이름으로 기도합니다. 아멘.

02 _삼가 그것을 행하라

하나님 아버지,

'이 모든 말을 듣고 마음을 다해 지켜라!' 하나님 앞에서 사람의 행위에는 그 기준이 마음을 다함에 있음을 생각하도록 하신 하나님이십니다. 사람의 행위는 마음에 없이도 얼마든지 할 수 있다는 것에서, 자신의 행실이 하나님앞에 진실로 드려지게 하시옵소서.

이스라엘 백성이 하나님을 사랑함에 마음을 드리지 못할까 염려하셨던 하나님을 깨닫습니다. 하나님께서 자기 백성을 사랑하셨기 때문에 삼가라 하신 줄로 믿습니다. 그들이 자신을 삼갈 때, 복을 받으리라고 약속해 주셨습니다.

진실한 마음을 사랑의 기준으로 삼아 하나님께 나아가게 하시옵소서. 사람에게도 진실과 거짓이 드러나는데, 하나님께야 어떻겠습니까? 종교적인 의식으로 하나님을 대했다면 이참에 마음을 다해 하나님께로 나아겠다고 결단하게 하시옵소서.

성도는 하나님의 언약으로 살아간다고 깨닫습니다. 그 언약이 헛되지 않도록 마음을 다해서 순종하기를 원합니다. 좌로나 우로나 치우치지 않고, 성경의 기준에 서서 순종하게 하시옵소서. 이로써 언약의 성취를 제 것으로 삼게 하시옵소서.

예수님의 이름으로 기도합니다. 아멘.

03 _선과 의를 행하면

하나님 아버지,

'하나님 앞에서 선과 의를 행하라!' 이스라엘 백성이 번제를 드림은 하나님 앞에서 옳은 것이지만 그 방법은 하나님께서 지시하신대로 해야 된다는 것을 생각합니다.

만일, 하나님께서 지시하신 방법을 무시하거나 가나안의 원주민들이 자기들의 신에게 제사하듯이 한다면 그것이 죄가 된다는 것을 깨닫습니다.

이스라엘 백성이 하나님께서 원하시는 대로 따르지 않으면 그것은 도리어 하나님께 죄가 되고 말겁니다. 이를 염려하셔서 여호와의 목전에서 선과 의를 행하라고 명령하셨습니다.

하나님께서 받으시도록 하는 하나님께의 행실이 바로 선과 의를 행함인 줄로 믿습니다. 그렇다면 저에게 하나님을 섬기는 모든 행위를 돌아보게 하시옵소서. 과연 저의 예배와 하나님 앞에서의 행실은 하나님께서 정해 주신 방법을 따르는지요?

저의 편리에 따라서 예배하지 않기를 원합니다. 주변 사람들의 눈치를 보면서 예배하지 않게 하시옵소서. 그것이 저에게 복인 줄로 믿습니다. 성경에 기록된 방법, 하나님께서 지시하신 방법을 지키면서 예배하게 하시옵소서. 하나님께 선과 의를 행함이 되게 하시옵소서.

예수님의 이름으로 기도합니다. 아멘.

04 _너는 전능자의 징계를

하나님 아버지,

'전능자의 징계를 업신여기지 말라!'(욥 5:17) 욥이 까닭이 없이 고난을 당한다고 여길 때, 엘리바스의 입을 빌려서 고난에 들어 있는 하나님의 계획을 깨닫게 하시니 감사합니다. 어려움이 다가오면 습관적으로 하나님께 자신의 욕구를 채우려고 요구했던 저를 깨우쳐 주셨음에 찬양을 드립니다. 요구했던

하나님께서는 창조주로서 그의 피조물에게 필요하다면 무엇이든지 겪도록 하심을 생각하게 하시옵소서. 저를 하나님의 사람으로 복되게 하시려고 연단을 하심에, 고난이 가장 알맞은 방법이라면 어려움을 겪도록 하시는 줄로 믿습니다.

그것이 질병, 환난, 기근과 전쟁, 비방과 조롱, 멸망과 기근이라할지라도(욥 5:18~22) 자녀를 위하시는 아버지의 계획으로 받아들여 인내하게 하시옵소서. 고난의 방에서 저를 기다리시는 하나님을 생각하게 하시옵소서.

하나님의 사람으로 세워져 가도록 하는 고난을 즐거워하게 하시옵소서. 고난을 겪게 하심으로써 다듬어지고, 세워지게 될 저의 모습에 대한 비전을 품게 하시옵소서. 창조주께서 하시는 징계를 업신여기지 말고, 순종으로 받아들이게 하시옵소서.

예수님의 이름으로 기도합니다. 아멘.

05 _자신의 죄가 가려진

하나님 아버지,

'허물은 덮여지고, 죄는 용서 받아라!' 인생이 자신의 노력으로 허물이 가려지고, 죄를 숨길 수 없다는 것을 생각합니다. 하나님께서 허물을 덮어주시고, 죄를 없다고 선포해 주셔야 한다는 것을 깨닫습니다.

그것은 하나님의 은총이라고 여깁니다. 사람은 자신이 저지른 허물과 죄악 된 행동에 대하여 아무것도 할 수 없음을 인정하게 하십니다.

하나님께서 인생을 불쌍히 여겨 사해 주실 때, 그를 괴롭히던 허물과 죄의 묶임에서 벗어나는 줄로 믿습니다.

자신의 허물을 보도록 하시는 하나님, 자신의 행위에서 죄를 깨달아 알게 하시는 하나님, 그것이 저에게 은혜의 순간인 줄로 받아들입니다.

그때, 심령을 상하게 하여 허물을 인정하며, 죄를 고백하게 하시옵소서. 자기 고백의 통렬함이 복이라고 깨닫습니다. 저에게 복을 주셔서 상한 심령을 드리게 하시는 줄로 믿습니다.

그 복이 저를 죄로부터 자유하게 하시고, '하나님께 친 백성'으로 다시 시작하도록 하신다고 확신합니다. 하나님의 덮어주심과 죄 없다 선언해 주심을 기다리게 하시옵소서.

예수님의 이름으로 기도합니다. 아멘.

06 _하나님의 기업으로 선택된

하나님 아버지,

'여호와를 자신의 하나님으로 삼아라!' 창조주께서 피조물인 인생에게 하나님이 되어주시겠다고 하시니 감격스럽습니다. 하나님을 기업으로 선택해서 복을 받으라고 하십니다.

이스라엘 백성을 선민으로 택하여 주시고, 그들에게 복이 있다고 선언해 주시니 과연 이스라엘은 세상 모든 이들 앞에서 복 되게 하신 줄로 믿습니다. 그들을 복 되게 하셨으니 이스라엘은 하나님의 보호하심을 받게 하셨습니다.

세상이 그들을 괴롭히지 못하겠지요. 어떤 위협도 그들에게 공격이 되지 못할 것이었습니다. 그런 하나님을 저에게 '여호와를 나의 하나님'으로 삼게 하시옵소서.

하나님께 자녀로, 백성으로 선택이 되어 여호와를 즐거워하게 하시옵소서. 세상이 저를 이기지 못할 것입니다. 여호와를 하나님이라고 부르고 섬기게 하시며, 자녀만이 받게 될 복을 누리게 하시옵소서.

세상을 향해서 '나의 이름은 하나님의 자녀'라고 소리치게 하시옵소서. 그 소리에 대적이 일어났다가도 뒤로 내뺄 것입니다. 오늘, 종일을 여호와를 하나님으로 삼아 지내면서 마음껏 누리게하시옵소서.

예수님의 이름으로 기도합니다. 아멘.

07 _주의 뜰에 살게 하신

하나님 아버지,
'하나님께 가까이하고, 주의 뜰에 머물러라!' 누구를 복되다고 하셨는지요? 하나님께 '나의 백성'이라고 선택되고, 그에게 가까이 갈 수 있는 사람을 복되게 하셨음을 생각합니다.

하나님이 계신 성전을 사랑하며, 성전을 가까이했던 다윗의 삶을 사모하게 하시옵소서. 성전에 들어가서 하나님을 아버지로 부른다는 것이 복이라고 깨닫습니다.

-하나님께로 나아가서 경배하고, 찬송을 드려서 일 것입니다.
-하나님을 아버지로 부르며, 응답을 받아서 일 것입니다.
-자신의 연약함을 고백하고 죄의 용서를 받아서 일 것입니다.

하나님께서 선택해 주셨으니, 그는 언제라도 성전에 출입하며 하나님을 뵙겠지요. 스스로 복된 자라고 인정할 것입니다.

성전, 하나님이 계신 곳에서 아버지의 사랑을 느낄 수 있다고 깨닫습니다. 하나님과 더불어 있음에서 그분의 자비를 누리게 된다고 여깁니다.

하나님의 품에 머물러 있는 시간이 저에게 복이라고 확신합니다. 교회를 가까이하게 하시옵소서. 교회를 즐거워하게 하시옵소서. 교회에 있는 하나님의 사람들을 사랑하게 하시옵소서.

예수님의 이름으로 기도합니다. 아멘.

08 _주의 법으로 교훈하심을

하나님 아버지,

'주님께 징벌을 받으며, 교훈을 받아라!' 이스라엘 역사에서 그들이 어그러진 길로 갈 때, 이방인(악인)의 손을 들어서 치셨던 경우들을 생각해봅니다. 징벌로 자기 백성을 연단하셨지요.

하나님께로부터 징벌을 받으면 복이 있다고 깨닫습니다. 징벌은 자기 백성에 대한 하나님의 사랑의 표현이시잖습니까? 그들이 그릇된 길을 가면 엄히 징계하시는 줄로 믿습니다. 이제, 주님으로 부터의 징벌을 귀하게 여기게 하시옵소서.

-자기 백성을 바로 잡고, 옳은 길로 인도하시려는 하나님
-고통과 연단을 통해서 자기 백성에게 순수한 신앙을 갖게 해 주시려는 하나님

징벌을 받는다고 여겨질 때, 교훈하시는 하나님의 음성을 들으려 하시옵소서. 징벌의 시간에는 괴롭고 힘이 들어도 그 이후를 생각하면서 온전하게 세워질 자신을 바라보게 하시옵소서.

혹시, 악인을 통해서 징벌을 하실 때는 그들에 대한 하나님이 심판을 생각하면서 견디게 하시옵소서. 주의 법으로 가르치셔서 마땅히 갈 길로 인도해 주심을 받아들이게 하옵소서. 그 가르침으로 징벌의 시간을 이기게 하시옵소서.

예수님의 이름으로 기도합니다. 아멘.

09 _정의를 지키고, 공의를 행하는

하나님 아버지,

'정의를 지키며, 공의를 행하라!' 다윗에게 하나님을 향한 소원을 주셨음을 묵상합니다. 그것은 그에게 하나님 앞에서 지내기를 원하도록 하신 것이지요.

사람은 저마다 삶에 의미나 목적, 가치 등을 생각하는데, 다윗에게는 하나님을 구하도록 하신 줄로 믿습니다. 죄로 말미암은 타락의 이 세상에서는 정의나 공의가 없다는 것을 깨닫습니다. 정의와 공의는 하나님의 은총이라고 확신합니다.

바벨론에 포로로 끌려갔던 이들 중에서, 하나님께의 신앙을 지키고, 죄악과 타협하지 않고, 의를 지킨 사람이 정의를 지키며, 공의를 행하였다고 믿습니다. 정의와 공의는 하나님의 것이어서 우리를 감격스럽게 합니다.

사람이 공의를 행한다는 것은 예수님의 말씀에 순종할 때 비로소 성취된다고 깨닫습니다. 주님 밖에서 또는 주님이 계시지 않는데서 공의를 행한다는 것은 어불성설인 줄로 생각합니다. 죄인이었던 인생을 위하여 하나님 앞에서 의가 되어주셨던 주님, 주님을 모시게 하시옵소서.

예수님의 십자가 그 밑에서 의롭다 해주셨으니 그 은혜의 복으로 들어가게 하시옵소서.

예수님의 이름으로 기도합니다. 아멘.

10 _전심으로 여호와를 구하는

하나님 아버지,

'주님의 증거를 지키며, 마음을 기울여서 주님을 찾아라!' 크리스천으로 살아가는 삶에 대하여 도전을 받게 하셨음을 묵상합니다. 하나님을 섬긴다면서도 자신에게 하나님은 없고, 자기를 섬기는 이들을 자주 봅니다.

자신을 구하려 하지 말고, 하나님을 구하라는 말씀에 호흡을 멈추게 하시옵소서. 복의 의미가 자기 자신이 아니라 하나님이시라는 것을 깨닫습니다.

복된 사람은 하나님의 말씀을 지키며, 전심으로 하나님을 구하고, 찾는다고 정의해 주셨습니다. 창조주의 말씀을 들으려 하고, 그것을 지켜 행하며, 하나님을 구하게 하시옵소서.

-창조주에게 대적하는 일을 생각하지 않음을 확인합니다.
-피조물로서 창조주의 뜻에 따라 행하는 것을 깨닫습니다.

하나님께서 인생에게 계명(증거)을 주신 것은 주님의 말씀을 좇아 살게 하심인 줄로 믿습니다. 그것으로 자신이 누구이며, 이웃과는 어떻게 지내야 하는지를 알게 하니, 주의 계명이 저를 복되게 하신다는 것을 확인합니다. 창조주의 명령을 달게 받아 순종하여 복에 이르게 하시옵소서.

예수님의 이름으로 기도합니다. 아멘.

11 _하나님을 자기의 도움으로

하나님 아버지,

'주님을 자기의 하나님의 섬겨 그를 희망으로 삼아라!' 인생에게 복은 누구로부터 말미암느냐를 선언해 주심을 묵상합니다. 인생이 피조물이라는 사실을 인정한다면 그에게 복은 자기를 지으신 창조주로 말미암아왔다는 것을 믿을 것입니다.

어떤 이들은 사람이 자기를 도와준다고 여기지요. 어떤 이들 중에는 우상이 자기에게 소망이 된다고 여기지요. 또한 땅의 여기저기에 있는 신들이 자기에게 소망이 된다고 믿습니다.

인생은 어떤 존재입니까? 창조주 하나님에 의해서 지어진 피조물인 줄로 믿습니다. 그렇다면 그의 행복은 하나님께 있는 줄로 깨닫습니다. 창조의 권세와 능력이 인생에게 소망이 된다고 여깁니다.

-야곱의 하나님을 자기의 도움으로 삼으라고 하셨습니다.

-여호와를 자기 하나님으로 여기라고 하셨습니다.

-하나님을 희망으로 삼으라고 하셨습니다.

사람을 의지하며 살기를 거절하고, 하나님을 섬기게 하시며, 우상을 하나님으로 삼으려 하지 않고, 여호와를 하나님으로 삼고, 하나님에게만 소망을 두게 하시옵소서.

예수님의 이름으로 기도합니다. 아멘.

09 | 생활을 바로하기 위하여

01 _하나님의 뜻을 찾기

하나님 아버지,

이 시간에, 기도하도록 마음을 모아 주심을 감사드립니다. 기도로 살아야 하는데, 저의 교만함이 곧잘 주님을 잊게 하니 용서해 주시기 원합니다. 주님보다는 자신에 집착하도록 하는 죄의 유혹에 쓰러지는 저를 불쌍히 여기소서.

저의 영혼과 육체를 주님 앞에 드립니다. 저의 생각을 제 뜻이 아니라 주님의 뜻으로 채워 주시옵소서. 저의 마음이 주님을 향한 사랑으로 가득 차게 하심을 믿습니다. 그리하여 무엇을 하든지, 어디를 가든지, 주님의 뜻을 찾는 삶이 되기를 원합니다.

오늘, 하루의 삶을 생각할 때, 하나님께 집중하게 하시옵소서. 하나님의 영에 감동이 되어, 하나님의 백성으로 살아가도록 이끌어 주심을 빕니다. 이를 위해서 아무 말이나 의견에 귀를 기울이지 않게 하시옵소서. 하나님의 뜻에 따라 모든 것들을 대하게 하시옵소서.

제가 듣게 되는 말들에서 하나님의 영광을 가리거나 해롭게 하는 것들에는 귀를 기울이지 않게 하시옵소서. 성령님의 뜻을 거스르는 생각이나 행동도 거절하게 하시옵소서. 저의 생각이나 다른 이들의 말을 신뢰하려 하지 않고, 하나님의 영으로 충만해지게 하옵소서.

예수님의 이름으로 기도드립니다. 아멘.

02 _나태하지 않고, 시간을 아끼기

하나님 아버지,

여호와의 이름을 즐거워하는 마음으로 하루를 시작하게 하셨음에 감사드립니다. 지금, 저의 가슴을 채워주시는 하나님의 사랑으로 하루의 삶을 살게 하시옵소서.

오늘의 생명을 주셨음에, 제가 살아갈 수 있는 환경이 이미 예비되어 있음을 믿습니다. 저희 가정을 위해서 주시는 일용할 양식에 감사하게 하시옵소서.

하나님의 은혜를 찬양하면서 자신의 부끄러움으로 머리를 들 수 없음을 고백합니다. 눈동자 같이 지키시는 저를 위하심은 단 1초의 시간도 놓치지 않으시지만, 저의 게으름은 시간을 거저 보내버리곤 하였으니 용서해 주시옵소서. 자신도 모르게 몸에 붙은 나태함으로 말미암아 매사에 느려지고, 귀한 시간이 버려지고 맙니다.

오늘, 한 날의 시간도 저의 노력으로 얻을 수 있었던 시간이 아니라, 하나님께서 제게 거저 주신 시간임을 압니다. 하나님께서 제게 시간을 주심은, 하나님께 영광을 드리기 위해서 사용하라고 깨닫습니다.

오늘, 한 날은 하나님을 영화롭게 지내게 하시옵소서. 주님으로부터 거저 받은 시간이므로, 하나님의 영광이 드러나는 삶을 살 수 있도록 도와주시옵소서.

예수님의 이름으로 기도드립니다. 아멘.

03 _염려를 하나님을 의지로

하나님 아버지,

예수님 안에서 믿음과 소망 그리고 사랑으로 살게 하시니 감사드립니다. 남이 모르는 저의 깊은 한숨, 누구에게도 털어놓을 수 없어서 흘렸던 눈물을 하나님이 알고 계시니 감사드립니다.

아주 작은 일도 걱정하여 잠을 이루지 못한 밤도 있었으나, 모든 일을 아버지께 맡기게 하시는 믿음을 주실 줄로 믿습니다. 하나님을 의지하게 하시옵소서.

이제는 제가 어떻게 할 수 없는 어려움에 닥친다 해도 낙심하지 않게 해 주시옵소서. 끊임없이 찾아왔던 저의 근심을 기도로 날려 버리게 하시고, 소망을 품게 하시는 하나님께 늘 찬양을 드리게 하시옵소서. 찬양을 드릴 때, 그 감격으로 평안이 올 줄로 믿습니다.

이제, 제가 여호와 앞에서 염려하지 않기 위하여 하나님의 말씀을 사모하게 하시옵소서. 이미 성경으로 주신 말씀을 약속으로 받아 이루어짐을 기다리게 하시옵소서. 하나님의 말씀에 대한 불신이 제 마음을 염려에 내주었음을 깨닫습니다.

성경을 갖고 있으면서도, 성경을 펼쳐서 읽을 수 있음에도 말씀을 사모하지 않은 죄를 고백합니다. 하나님의 입에서 나온 말씀을 믿음으로 받게 하시옵소서.

예수님의 이름으로 기도드립니다. 아멘.

04 _미루지 않고, 지금 실천하기

하나님 아버지,

묵상 할 때마다, 주님의 사랑이 한없이 밀려드는 것을 고백합니다. 언제나 저의 편이 되어 주시고, 연약해질 때 힘을 주시는 은혜를 찬양을 드립니다.

지금은 저의 게으름 때문에 머리를 숙였습니다. 태만함으로 제가 해야 할 일을 뒤로 미루는 저를 바꾸어 주시기를 간구합니다. 제가 움직인 만큼, 그리고 다른 이들보다 먼저 힘을 쓴 만큼 기쁨을 얻게 된다는 것을 잊지 않게 하시옵소서.

받았던 달란트를 갑절이나 남긴 종들에게 있었던 마음이 저의 마음이기를 원합니다. 헛된, 생각과 그릇된 소망으로 자신을 게으름에게 내어주지 않게 하시옵소서. 하나님을 경외하는 삶에 열심을 내는 만큼, 부지런하도록 이끌어 주시옵소서.

저의 우유부단함을 용서해 주시옵소서. 성령님의 충만하심으로 하나님의 뜻 안에서 선택하게 하시고, 실행에 옮기는 단호함의 은혜를 받게 해 주시옵소서. 미루어서는 안 되는 것을 알면서도, 늘 다음으로 미루는 저의 연약함을 불쌍히 여겨 주시기를 원합니다.

어느 때는 아무 것도 하지 않으면서 뒤로 미룹니다. 성령님의 강권하심에 부지런하게 하시옵소서.

예수님의 이름으로 기도드립니다. 아멘.

05 _옳지 않은 행실을 거절하기

하나님 아버지,

저의 마음을 드립니다. 받아 주시옵소서. 저의 영혼을 사랑하는 하나님께 드립니다. 향기로운 제물이 되게 하시옵소서. 저의 몸을 드립니다. 거룩한 산 제사로 드리기 원하오니 받아 주소서. 비록 작고, 주님의 영광을 드러내는 것에 미비하다 할지라도 저의 모든 것을 드립니다. 오늘의 삶이 산 제물로 드려지는 생활이 되게 하시옵소서.

마땅히 하나님의 자녀로서 산 제사를 드리기 원합니다. 주님께서 받으셔야 할 제사는 동물을 희생하여 피 흘리는 제사가 아니라, 제 마음을 제물로 드리는 제사이고 싶습니다.

주님께서는 저의 영혼을 맡으셨다고 믿습니다. 저의 존재는 사라지고, 이제 제 몸은 주님의 것임을 믿습니다. 주님의 소유로 살아가게 하소서. 주님의 품에서 제 영혼이 소망 가운데 즐거워하고 사랑으로 불타게 하시옵소서.

하나님의 영에 자신을 내어드려서, 성령님께 순종하는 사람의 하루가 되게 하시옵소서. 하나님의 나라를 생각하기보다는 이 땅에서의 즐거움에 집착하다가 죄를 짓게 되는 것을 잊지 않게 하시옵소서. 습관처럼 죄를 짓게 되는 원인은 언제나 이 땅의 것에 집착하는 데 있음을 기억하게 하시옵소서.

예수님의 이름으로 기도드립니다. 아멘.

06 _더러운 말씨를 고운 말씨로

하나님 아버지,

저의 몸이 성령이 거하시는 전이라 하셨음을 감사드립니다. 아직도 말과 행동에 어리석음과 추함이 있음에도 저를 의롭다 인정하시는 하나님께 찬양을 드립니다. 저의 생각과 말 그리고 행동에 있어서 주님께서 받으실만한 것이 되게 하시기 원합니다.

저의 몸이 여호와께 성전으로 구별되었는데, 말을 통해서 더러워지지 않게 하시옵소서. 하나님께 드릴 수 없는 말은 입 밖으로 내지 않게 하시옵소서.

더러운 말이 저의 생각을 지배하게 되고, 그렇게 되어 추한 행동을 낳지 않도록 하나님의 영으로 충만하게 하시옵소서. 진리의 영으로 충만해져서 저 자신을 거룩하게 하는 언어를 쓰게 하시옵소서.

저의 그릇된 말씨로 말미암아 형제와 자매들에게 상처를 주어왔음을 용서해 주시기 원합니다. 저의 참을성이 없는 성품과 다스림이 없는 말씨 때문에 여러 사람들이 어려워합니다.

간절한 마음으로 기도드리오니 성령이 말하게 하심을 따라 주님을 닮은 언어로 다가가게 하시옵소서. 그리스도인으로서 저의 말씨를 올바르게 해 주시옵소서. 오직 성령님께 충만해서 그리스도를 향기로 나타내는 입술을 갖게 하시옵소서.

예수님의 이름으로 기도드립니다. 아멘.

07 _하나님 앞에서 정직하기

하나님 아버지,

의로우심으로 저를 지켜 주시니 감사드립니다. 지금, 하나님의 자녀로서 늘 의로운 일을 생각하며 살아가기를 원하여 기도드립니다. 하나님의 거룩하심을 닮음에 도전하여 의로운 생각을 품게 하시고, 날마다의 생활에서 실천하기 원합니다.

하나님의 의로우심을 따라 살기 원하오니 도와주시옵소서. 주님의 도우심이 없이는 의로워질 수 없으니 성령에 의지하여 주의 뜻에 따르게 하시옵소서.

제가 잘못을 저질러 주님을 슬프게 할 때, 주님께서 저를 용서해 주시는 줄 믿습니다. 제가 옳은 일을 할 때, 주님은 기뻐하시는 줄 믿습니다. 간절히 기도드리오니, 이웃에 대하여 아무런 미움이나 시샘이 제 마음에 깃들지 말게 하소서.

제 손으로 이기적인 일을 하지 말게 하시고, 입술로도 불쾌하게 하는 말을 하지 않게 하소서. 지금, 저의 심령이 하나님께로 인도되기를 빕니다. 온 맘을 다하여 하나님을 사랑하지 못하고, 종교적인 신앙의 자리에 머물러 있을 뿐이었음을 고백합니다. 여호와를 경외하며 하나님을 사랑하는 열심에서 제대로 신앙생활을 하지 못한 죄가 기억됩니다. 이 시간에, 성령님께서 조명해 주시는 그대로 회개하기를 원합니다.

예수님의 이름으로 기도드립니다. 아멘.

08 _더러운 책은 버리고, 성경을 가까이

하나님 아버지,

죽음에서 영원한 생명을 얻게 하셨음을 감사드립니다. 예수님을 사랑하고, 하나님을 섬기게 하시니 감사드립니다. 하늘과 땅을 지으신 그 말씀으로 복된 인생을 약속해 주신 하나님의 은혜를 찬송하게 하시옵소서. 하늘에 소망을 갖고, 거룩함으로 살아가게 하시옵소서.

저를 향하신 하나님의 사랑은 때로 한낮의 햇빛 같았으나 오히려 저는 그 빛을 피했던 죄가 떠오릅니다. 여호와께 의를 이루게 하시려고, 성령님께서 마음에 속삭이실 때, 거절했던 죄가 떠오릅니다.

하나님께서 저를 가까이 해주시려고 다가오셨음에도 멀리했고, 하나님의 함께 하심을 거절했던 죄를 용서해 주시옵소서. 성경을 가까이 할 때, 죄를 버릴 힘을 누리게 됨을 깨닫게 하시옵소서.

"여호와의 증거를 지키고 전심으로 여호와를 구하는 자가 복이 있도다"라고 하심에 따라, 늘 말씀을 가까이 하기를 원합니다. 전에는 세상의 즐거움을 쫓아 세상의 책들을 가까이 하였지만, 이제는 하나님의 말씀을 사랑하게 하시옵소서.

세상의 이야기로 채워진 책들에 기울였던 관심이 성경으로 옮겨지기 원합니다. 성경으로 온전함에 이르게 되기를 소원하고, 말씀의 반석 위에 믿음이 굳게 세워질 수 있도록 도와주시옵소서.

예수님의 이름으로 기도드립니다. 아멘.

09 _자신은 뒤로, 이웃을 돌아보기

하나님 아버지,

저를 구원해 주시기 위하여 예수님께서 십자가에 달려 죽으심을 감사드립니다. 주님께서는 저의 구원을 위하여 자신의 몸을 내어 주셨습니다. 자신의 희생으로 봉사를 가르쳐 주신 예수님을 기억하면서 살고자 하는 소원을 품게 하시옵소서. 주님의 손과 발이 되어서 돌아보아야 하는 이웃들에게로 찾아가는 은혜를 내려 주시옵소서.

하나님의 의를 이루어 드리기 위해서 봉사의 본이 되신 예수님을 따르기 원합니다. 저의 손과 발을 통하여 주님의 봉사가 나타나기 원합니다. 집에서 제가 할 일을 가르쳐 주시옵소서. 제 주변의 이웃을 향해서 어떻게 해야 하는지 가르쳐 주시옵소서.

소금이 되라 이르신 주님의 말씀에 순종하게 하시옵소서. 이웃이 제게 필요한것을 원할 때 줄 수 있도록 저의 손을 다스려 주시옵소서. 누구에게나 도움을 베풀 수 있게 하시옵소서. 그리하여, 주님처럼 사람들에게 필요한 것을 채워 주는 삶을 살게 하시옵소서.

주님께서는 빛이 되라고 하셨습니다. 지금 세상은 영적으로 어두운 세상입니다. 죄가 사람들의 심령을 어둡게 하였습니다. 예수님의 사랑을 실천하여 어두움을 밝히는 삶을 살게 하시옵소서. 이웃을 돕는 착한 행실에 힘씀으로 하나님을 영화롭게 해드리게 하시옵소서.

예수님의 이름으로 기도드립니다. 아멘.

10 _교만을 버리며 낮추기

하나님 아버지,

하늘의 그 아름다운 자리를 버리시고 이 땅에 오신 예수님을 생각할 때마다, 높아지기 원하는 교만함을 회개합니다. 하나님께서 저를 사랑하사, 예수님을 가장 낮아지게 하셨건만 저의 교만한 성품은 높아지려는 것만 좋아하게 하였음을 고백합니다.

하나님을 기쁘시게 해드림보다 저의 기쁨을 따랐기 때문에 오만했습니다. 자신을 낮추어 이웃과 함께 하지 못하였음을 용서해 주시옵소서. 누구에게라도 주님의 마음이 되어서 같이 할 수 있게 하시옵소서.

그들과 같은 사랑을 가지고 뜻을 합하며 한 마음을 품기 원합니다. 예수님의 겸손하심으로 친구들을 대할 수 있게 하시옵소서. 그리하여 그들에게 예수님을 보여 주게 하시옵소서.

주님의 말씀대로, "오직 겸손한 마음으로 각각 자기보다 남을 낫게 여기게" 하시옵소서. 그들보다 내가 조금이라도 낫다는 교만의 허영을 버리기 원합니다. 그리고 "각각 자기 일을 돌아볼 뿐더러 또한 각각 다른 사람들의 일을 돌아보아 나의 기쁨을 충만케 하라"는 주님의 말씀에 순종하게 하시옵소서.

낮아지심의 본이 되어 주신 예수님의 마음을 품기 원합니다. 제가 사람들 앞에 겸손해지기 전에, 먼저 주님 앞에서 낮아지기 원합니다.

예수님의 이름으로 기도드립니다. 아멘.

11 _예수님의 제자로 살아가기

하나님 아버지,

하나님 아버지의 자녀로 그리스도 안에서 살아가며 기쁨을 넘치게 하신 주님 사랑을 찬양합니다. 그리스도의 장성한 분량에 이르는 성숙이 이루어지도록 인도해 주시옵소서. 또한 주님의 품 안에서 모자람이 없는 삶을 살아갈 수 있도록 날마다 만족하게 하시옵소서.

예수님을 믿는다고 입으로만 말하는 것이 아니라, 생활 속에서 그리스도인으로 변화되기를 원합니다. 진심으로 예수님의 다스리심을 즐거워하고, 언제나 구원의 은혜를 경험하기 원하여 기도드립니다. 그리고 교회의 참여하여 주님께서 저의 구주되심을 고백하고, 교회를 이루는 형제와 자매들과 어울리게 하시옵소서.

사랑하는 하나님의 백성들과 함께 예배드리기를 좋아하는 마음을 허락해 주시고, 이 예배에서 저의 영혼이 살아나며 하나님의 은혜를 뜨겁게 체험함이 늘어나게 하소서.

하나님의 자녀가 되었으니 마땅히 그리스도인의 성숙한 지식을 갖춤에 대해서도 소망을 품게 하시옵소서. 주님께 좋은 제자가 되기 위해서 예수님의 삶을 묵상하는 것에 집중하게 해 주시기를 빕니다.

하나님의 영으로 인도되어, 주님의 삶과 사랑이 제 안에서 녹아지게 하시옵소서.

예수님의 이름으로 기도드립니다. 아멘.

10 | 위기에서 소생을 위하여

01 _가정의 수입이 줄어들 때

하나님 아버지,

여호와께서 목자가 되셔서 저희 가정을 지켜주시고, 인도해 주셨음에 감사드립니다. 홍수가 넘쳐 몰살을 당할 것만 같은 지경에 처하였지만 이제까지 함께 하셨던 여호와를 기억하게 하시옵소서. 또한 느닷없이 수입이 줄어들게되어 여러가지 어려움에 처하게 되었지만 하나님의 선하심을 바라보게 하시옵소서.

이제까지, 하나님의 은혜로 저희 가정에서 재정의 부요를 누리게 하셨음을 기억합니다. 하나님께서 친히 재정을 관리해 주셔서 돈에 대한 두려움이 없이 안락하게 지내온 것을 잊지 않기 원합니다.

준비도 안 된 상황에서 수입이 줄어들어 생활을 어렵게 하고, 식구들의 마음을 옥죄어 올 때, 성령님께서 위로해 주시옵소서. 저와 저의 가정을 홀로 두지 않으심을 믿습니다.

줄어드는 수입 때문에 두려움의 홍수가 밀려오지 않게 해 주시기를 빕니다. 도리어 수입의 감소라는 홍수 위에 좌정해 계시는 여호와를 보는 은혜로 초대해 주시옵소서. 수입의 감소를 통해서 지금까지의 경제 생활에 대한 것을 돌아보는 기회가 되게 하시옵소서. 하나님께서 주신 재물을 바르게 사용했는지에 대하여 자신을 살피게 하시옵소서.

예수님의 이름으로 기도드립니다. 아멘.

02 _도적을 당하였을 때

하나님 아버지,

차마 입으로 옮기기도 두려운 순간을 만났으나 가족의 생명을 지켜 주셨음에 감사드립니다. 잃어버린 재물 때문에 당장은 곤경에 처하게 되겠지만 하나님의 회복해 주심을 기대합니다. 재물을 잃었으나 마음의 지성소를 잃지 않았음에 감사하게 하시옵소서. 위급한 상황에서도 저희 가족을 지켜주신 하나님을 묵상하기를 원합니다.

이 시간에, 저희 집의 재물을 훔쳐간 도적을 위하여 간구합니다. 모든 사람이 성실하게 땀을 흘려 일하면서 살아가는데, 남의 재물을 훔쳐야만 했던 그의 영혼을 불쌍히 여겨 주시옵소서.

왜 그는 성실하게 지내지 못하고, 도적질을 하며 살아가야 하는지, 그의 삶을 불쌍히 여겨 주시옵소서. 혹시라도 저희 집에서 훔쳐 간 재물을 보는 순간에 자기의 죄를 회개하게 하시옵소서.

저에게 도적을 당한 일로, 하나님의 뜻을 구하는 은혜를 경험하게 하시옵소서. 도적을 당하는 순간에도, 식구들의 목숨을 지켜주신 하나님의 은혜를 묵상하게 하시옵소서. 졸지에 겪게 된 이 위기를 통해서 하나님의 말씀을 듣게 해 주시기를 빕니다. 하나님을 사랑해야 하는 마음을 지키게 하시는 여호와의 의도를 배우게 하시옵소서.

예수님의 이름으로 기도드립니다. 아멘.

03 _직장을 잃게 되었을 때

하나님 아버지,

여호와 앞에서 힘써 일을 할 수 있게 해 주신 은혜를 기억합니다. 저에게 재물을 얻을 능력을 주시기 위하여 일터를 주셨고, 그로 말미암아 이제까지 살아온 것을 기억합니다. 하나님께서 주신 직장을 통해서 저와 저희 가족의 삶이 평안하였고, 하늘나라에 보화를 쌓으며 지내게 하셨음에 찬양을 드립니다.

저의 의지와는 상관이 없이 일터를 잃게 된 지금, 두려움보다는 하나님의 은혜에 소망을 두게 하시옵소서. 제가 그만 둘 수밖에 없었던 직장에도 하나님의 은혜가 나타나기를 빕니다. 그리하여 일을 하고 싶은 사람은 누구라도 취직이 되게 하시옵소서.

갑작스럽게 직장을 잃게 되어, 가족은 염려로 말미암아 뼈를 녹이는 시간을 보내고 있습니다. 앞으로 어떻게 살아갈 것인가에 대한 두려움으로 괴롭습니다. 인간적으로는 눈물과 한숨의 골짜기에 떨어졌지만, 여호와를 향하여 눈물을 흘리게 하시옵소서.

혹시라도, 일터에서 하나님의 영광을 가린 적은 없었는지를 돌아보게 하시옵소서. 직장생활을 하면서 그릇된 일들로 시간을 소비했는지를 돌아보게 하시옵소서. 부지불식간에 하나님의 영광을 탈취하고, 자신의 유익만을 구하였다면 회개하게 하시옵소서.

예수님의 이름으로 기도드립니다. 아멘.

04 _사업에 실패하였을 때

하나님 아버지,

부족한 저에게 사업장을 맡겨주시고, 일하게 하셨음에 감사드립니다. 이 일을 시자하던 첫날부터 열과 성을 쏟아 일해 왔음을 하나님께서도 아시지요?

영업과 매출이 부진해지고, 사업이 어려움에 빠져드는 이유도 하나님은 아시지요? 실패하는 사업에서 제가 배워야 할 것은 무엇인지요?

이 시간에, 여호와를 향하여 겸손해지기를 빕니다. 저의 무릎을 원하시는 하나님께 더 가까이 나아가게 하시옵소서. 사업이 부진해지고, 결국에는 실패하게 된 이 자리에서 하나님의 요구가 무엇인지를 배우게 하시옵소서.

저의 실패를 통해서 하나님의 뜻이 있음을 알게 하옵소서. 이 사업의 실패가 제 인생의 실패는 아니라 믿습니다. 저의 삶을 주관하시는 하나님께서 실패를 사용하시는 의미를 배우게 하시옵소서. 성공을 원했으나 실패를 허용하시는 하나님의 의도를 지켜보게 하시옵소서.

사업의 실패로 여러 가지의 어려움에 떨어졌으나 여호와의 보호하심을 바라봅니다. 오직 여호와만이 저의 은밀한 보호처가 되어주심을 소망합니다. 재정의 궁핍에서, 저의 실패를 조롱하는 이들의 공격으로부터 지켜 주시옵소서.

예수님의 이름으로 기도드립니다. 아멘.

05 _갑자기 중병에 걸렸을 때

하나님 아버지,

중병의 진단에도 여호와를 사랑하는 마음이 변하지 않게 하셨음에 감사함을 드립니다. 또한 이전에 건강한 몸으로 여호와의 영광을 구하는 삶을 살았음에도 감사드립니다.

갑작스런 질병으로 소망을 잃지 않게 하시옵소서. 저의 질고로 말미암아 식구들이 옹졸함에 빠지지 않게 하시며, 혹시 언행으로라도 남을 상처입지 않게 하옵소서.

자기 백성들이 질병으로 고통 받는 것을 원하지 않으시는 하나님을 믿고 있습니다. 매인 자를 놓이게 하며, 맹인을 눈 뜨게 하고, 상처받은 이들을 자유케 하시기를 원하시는 하나님의 긍휼이 나타나기 원합니다. 주님의 부드러우신 손으로 저를 만져주시고, 저의 손을 잡아 일으켜 주옵소서.

배 안에서 풍랑을 만났던 요나를 생각합니다. 불순종의 선지자를 풍랑을 통해서 순종의 사람으로 만드셨던 하나님의 만져주심이 있기를 소망합니다. 이 상황을 통해서 여호와의 은혜를 누리게 하시옵소서.

바다 끝에 가서 거할지라도, 주의 손이 인도하시고 주의 오른손이 붙들어 주심을 깨닫는 복된 기회가 되게 하옵소서. 지금은 깨어지는 고통의 시간이지만, 다시 새롭게 하시는 은혜를 보게 하옵소서.

예수님의 이름으로 기도드립니다. 아멘.

06 _재해를 겪게 되었을 때

하나님 아버지,

어제까지도 넘치는 하나님의 은혜로 살아왔음을 고백합니다. 저 자신에게 좋은 것은 다 하나님의 은혜로 여겼는데, 오늘은 원하지 않는 일이 닥쳐 눈물을 흘립니다. 이 시련에서도 하나님의 은혜를 보게 하시옵소서.

사실, 갑자기 어려움을 당해 저와 저의 가족이 두려워하여 있으니 불쌍히 여겨 주옵소서. 이 어려움을 저에게 허용하시는 하나님의 계획을 볼 수 있도록 영안을 열어 주시옵소서. 그리고 하나님의 능력과 기름부으심의 옷을 입게 하신 은혜로 말미암아 간구하니, 이 상황으로부터 회복시켜 주시옵소서.

갑자기 당한 고통으로 말미암아 사람의 몸이 하나님의 것임을 깨닫게 하셨음에 찬송을 드립니다. 저희들이 깨닫지는 못하지만, 사람의 생각과 하나님의 생각이 다름을 인정할 수 있는 시간을 주시니 찬송하게 됩니다. 지금은 잠시 고통 중에 있으나, 영광을 받으실 우리 주님의 이름을 높여드립니다.

생각하지도 못한 시련을 당한 후에, 비로소 여호와께서 힘과 방패가 되어주심을 깨닫고 있습니다. 성령님의 인도하심에 따라 여호와의 손길을 의지하니, 어서 도움의 은혜를 입게 하시옵소서.

예수님의 이름으로 기도드립니다. 아멘.

07 _좋지 않은 일이 일어날 때

하나님 아버지,

여호와의 은혜가 저의 삶에 함께 하심을 믿고, 감사드립니다. 알 수 없고, 이해하기에 힘이 들지만 하나님의 선하신 손길을 바라보게 하시옵소서. 까닭을 알 수 없도록 힘들게 하는 일들이 계속해서 저를 낙심하도록 합니다.

그럼에도 여호와께 소망을 두게 하셨음을 즐거워합니다. 저의 좁은 지식으로는 이유를 알 수 없으나 하나님은 다 알고 계심을 믿습니다. 좋지 않은 일이 연이어 일어나는 상황을 통해서 저를 단련하시는 하나님의 계획에 찬양을 드리게 하시옵소서. 저를 만져 가시는 하나님의 손길을 느끼게 하시옵소서.

어려운 상황들이 꼬이듯이 일어나지만, 생명을 잃지 않았고, 가족이 평안한 것에 감사드립니다. 이것이 제가 겪어야만 하는 환난이라면 환난 날에 부르도록 하신 하나님의 이름을 부르게 하시옵소서. 하나님을 부름만이 저에게 소망입니다.

저의 하나님의 이름을 부름이 부족했기에, 이러한 상황들에서 하나님을 찾게 하셨음을 깨닫기를 빕니다. 사람으로는 어찌해 볼 수 없는 시련 속에서 입을 넓게 열게 하셨음에 소망을 갖습니다. 여호와의 채워주심을 기다리게 하시옵소서.

예수님의 이름으로 기도드립니다. 아멘.

08 _부부 사이에 심한 갈등

하나님 아버지,

하나님의 계획하심에 따라 저희들 부부가 만나 가정을 꾸미게 하셨음에 감사드립니다. 이 가정을 통해서 하나님의 영광이 드러나고, 여호와의 일이 이루어지기를 소망합니다. 그런데 요즈음 저희들은 어려운 시간을 보내고 있습니다.

마음과 생각을 하나로 하여 하나님의 영광을 구해야 할 저희 부부가 닫혀 진 마음으로 지내고 있습니다. 저희들 모두의 연약한 손을 잡아 일으켜 주시옵소서. 자신의 상처만을 보지 말고, 상대에 대하여 마음을 열게 하시옵소서.

둘이 한 몸이 되게 하셨던 하나님의 뜻을 먼저 구하게 하시옵소서. 그리하여 저희들의 심령이 새로워지고 믿음이 견고하여지기를 원합니다. 저희 부부에게서 하나님의 기쁘신 뜻을 위해 소원을 두고 행하게 하시는 하나님을 바라봅니다.

상대를 배려하지 못하고, 나의 기대만을 쫓다가 서로에게 상처를 입혔는지를 돌아보게 하시옵소서. 서로가 섬기면서 하나님의 은혜로 평강에서 평강으로 이르는 다짐을 하게 하시옵소서.

시온에서부터 흐르는 평강의 복이 이 가정에 흘러 들어와 넘치기를 소망하는 결단의 은혜를 주시옵소서.

예수님의 이름으로 기도드립니다. 아멘.

09 _배우자가 불륜에 빠짐

하나님 아버지,

저희를 향하신 하나님의 계획하심을 되새겨봅니다. 그 계획에 따라 저희들이 부부가 되어 한 몸을 이루고, 가정을 세우게 하셨음에 감사드립니다. 저희들이 결혼을 하면서 하나님을 모신 가정을 이루어가고, 서로를 사랑하고자 약속했던 것을 기억합니다.

저희 두 사람이 서로에 대하여 민감하지 못했음을 회개합니다. 음란한 죄악에 빠져 서로를 이해하며 돌아보지 못하였고, 서로를 좀 더 사랑하지 못했던 죄를 고백합니다.

하나님께서 주신 배필을 존귀하게보지 못했던 죄를 고백하니 용서해 주시옵소서. 언제부터인지, 저희들의 사랑에 금이 가고, 결국에는 여호와께 죄악이 된 행실이 있게 되었음에 용서를 구합니다.

이 시간에, 저희들의 마음을 상하게 하고 가정을 무너뜨리는 사탄의 역사를 물리쳐 주시옵소서. 사탄은 저희들의 가장 약한 부분을 파고들어 서로의 영혼을 황폐하게 하고, 가정에는 음란의 더러움이 들어오게 하고 있습니다.

저희들을 쓰러뜨리려는 사탄의 참소를 주님의 십자가로 대적해 주시옵소서. 거룩한 가정을 음란의 장소로 물들이려는 사탄의 공격으로부터 보호해 주시옵소서.

예수님의 이름으로 기도드립니다. 아멘.

10 _자녀가 사고로 다쳤을 때

하나님 아버지,

이제까지도 ○○○가 여호와 앞에서 복 되게 하셨음에 찬양을 올려드립니다. 하나님께 소중한 ○○○는 저희 가정에도 축복이었습니다. 여호와를 은혜를 받으며 잘 지내왔는데, 느닷없이 사고를 당해서 병상에 누어있게 되었습니다.

공부하는 것으로 말미암아 날마다 분주하게 살아올 수밖에 없으셨던 ○○○에게 은혜를 내려 주옵소서. 자기 자신의 장래를 위하여 앞만 보고 달려왔던 저의 삶을 하나님께서 새롭게 하시려고 강권적으로 시간을 주셨습니다.

원하지 않았고, 바라지도 않는 시간이지만 이 시간을 감사하게 하시옵소서. ○○○가 병상에서 오직 하나님만을 생각하고, 자신에 대한 깨달음의 시간이 되게 하시옵소서. 그리하여 고통이 아니라 주님께서 주신 쉼의 선물로 받아들이게 하시옵소서. 이로써 범사에 감사하라는 말씀으로 살게 하시옵소서.

오늘까지도 ○○○의 시간이 하나님 앞에서 축복이었음을 고백합니다. 결코 하나님께서는 쓸데없는 기회를 주시지 않음을 믿습니다. ○○○가 자신을 이렇게 한 가해자에 대하여 미움으로 그의 마음을 불태우지 않게 하시고, 하나님의 인도하심을 기다리게 하시옵소서.

예수님의 이름으로 기도드립니다. 아멘.

11 _ 자녀가 진학에 실패

하나님 아버지,

사랑하는 ○○○의 인생에 대한 하나님의 계획하심을 찬양합니다. 원하는 학교의 진학에 실패를 경험하게 하신 하나님의 섭리를 기다리게 하시옵소서. ○○○의 생각보다 크고, 좋으신 하나님을 의지하고, 성령님의 충만하심으로 은혜가 넘치기를 빕니다.

여호와 앞에서 ○○○가 하늘로부터 임하는 은혜를 기다리게 하시옵소서. 스스로를 향해서 축복하게 하시옵소서. 비록, 자신이 바라는 대로 성취되지는 않았어도, 낙심하지 않도록 해 주시옵소서. 하나님의 도우심을 기다리게 하옵소서. 여호와의 또 다른 길로 인도하심을 주목하게 하시옵소서. 사랑하는 자의 길은 하나님께 있음을 믿습니다.

또한, 오늘도 자녀에게 신실한 하나님이 되시기를 소망합니다. 자신의 마음을 새롭게 하는데 하늘로부터 은혜를 입게 하시옵소서. 이제, 다시금 도전하기 위해서 좋은 학교를 찾게 하시옵소서. 우리 하나님께서 학교를 예비해 두셨음을 믿습니다.

입학원서를 제출해야 되는 며칠 남지 않은 기간 동안에 먼저 자신의 의지와 싸우도록 하시옵소서. 지치려 하는 마음을 다시 붙잡는 자신과의 싸움에 여호와의 은혜를 입게 하옵소서.

예수님의 이름으로 기도드립니다. 아멘.

11 | 매일의 채워주심을 위하여

01 _아쉬울 것이 없는 재정

하나님 아버지,

하나님께서 영생을 주시기로 작정하신 복을 받게 하셨음에 감사드립니다. 아침마다 마음의 성전을 향해서 예배하게 하시며, 때를 따라서 무엇을 먹을까, 무엇을 입을까, 어떻게 살까를 염려하지 않도록 하신 하나님께 찬양을 드리게 하시옵소서.

저와 저희 가정에 내려 주시는 여호와 은혜로 하나님의 나라를 구하게 하시옵소서. 날마다, 순간마다 하나님의 나라를 구하는 중에, 삶에 소용되는 모든 것들을 더하시는 기쁨을 보게 하시옵소서. 먹고, 마시고, 입고, 살아가는 모든 것들을 여호와께 맡기게 하시옵소서.

하늘로부터 임하는 신령한 복을 사모하게 하시옵소서. 때때로 경험하는 세상적인 것들의 부족함에서 신령한 복의 부족함에 대하여 깨닫게 해 주시기를 빕니다. 이 땅에서의 물질적인 삶이 하나님께 속한 영적인 삶에 대한 배움이 되게 하시옵소서. 이로써 재물만 구할 것이 아니라, 영생의 복을 더욱 구하게 하시옵소서.

의식주에 대한 염려가 여호와께 연단이 되게 하시옵소서. 재물의 부족함에서 도리어 하나님의 영광을 구하게 해 주시기를 빕니다. 부요가 넘침은 오직 하나님의 은혜라는 것을 잊지 않게 하시옵소서.

예수님의 이름으로 기도드립니다. 아멘.

02 _재물을 얻을 일터

하나님 아버지,

저희 가정에 복을 주셔서 생업의 일터를 주시고, 일하게 하시니 감사드립니다. 식구들의 일용할 양식을 위하여 일터를 주셨으니, 여호와를 즐거워하면서 성실히 일하게 하시옵소서. 저희 가족들이 하나님을 영화롭게 해드리며 이 땅에서 사는 동안에 필요한 것들을 얻을 수 있는 은혜를 주신 여호와의 이름을 높이게 하시옵소서.

사랑하는 ○○이(가) 일터를 거룩히 여기게 하시고, 주님께 하듯이 일에 임하게 하시옵소서. 하나님께서 허락해 주신 나그네로 사는 동안에 생명을 보전하기 위해서 주신 생업이니, 저희 가족이 일터에 소망을 두지 않게 하시옵소서. 생업의 터전을 주신 여호와께 감사하면서 하나님을 찬양하게 하시옵소서.

○○이(가) 재물을 얻을 힘을 주신 여호와를 찬미하게 하시옵소서. 일터를 통해서 재물을 얻게 될 때, 재물에 마음을 두지 않게 하시옵소서. 넉넉하지 못한 생활로 말미암아 저나 저희 가족들의 심령이 상처를 받지 않게 해 주시기를 빕니다.

저의 마음이 하나님의 나라이며, 저 자신이 성전임을 기억할 때, 거룩함을 지키게 하시옵소서. 삶에 대한 두려움과 여러 가지 염려로 죄의 유혹에 자신을 내어 주지 않게 하시옵소서.

예수님의 이름으로 기도드립니다. 아멘.

03 _때를 따라 입을 옷

하나님 아버지,

지금까지 지내오는 동안에 늘 좋은 옷으로 입게 하신 하나님을 사랑합니다. 좋은 옷을 입어, 몸을 건강하게 해 주셨음에 감사드립니다. 옷에 대하여 생각하게 될 때, 들에 피어있는 꽃들을 기억하게 하시옵소서. 한 포기의 꽃들에게도 옷을 입히시는 하나님께서 저희 가족에게도 옷을 입혀주심을 믿습니다.

이제까지 지내오는 동안에 헐벗지 않고, 옷이 해어지지 않게 하셨음에 감사드립니다. 저희들이 구하기 전에 옷을 마련해 주시고, 철에 따라 입게 하신 은혜를 기억하게 하시옵소서.

무엇을 입을까 염려하기 보다는 하나님의 영광을 구하게 하시옵소서. 옷을 입혀 주시는 여호와의 도우심을 찬양하게 하시옵소서. 때를 따라 옷을 준비해 주시는 여호와 앞에서 자신을 살피게 하시옵소서.

저를 거룩하게 하시는 하나님의 은혜로 세상의 유혹을 이기게 해 주시기를 빕니다. 재물의 부족함이 염려 대신에 도리어 세상에 대하여 저를 단련시키는 기회가 되게 하시옵소서.

하나님께서는 사랑을 받는 자녀들이 굶주리지 않게 하심을 믿습니다. 궁핍함으로 고난당하는 것을 원하지 않으심도 믿습니다. 때를 따라 필요를 채우시는 하나님을 찬양합니다.

예수님의 이름으로 기도드립니다. 아멘.

04 _화려하기를 거절

하나님 아버지,

공중을 나는 참새 한 마리의 생명도 귀히 여기시고, 먹이시는 하나님을 바라보게 하시옵소서. 만물이 여호와께 속해 있음을 믿어 염려하지 않게 하시옵소서. 생활이 궁핍해진 이때가 바로 저의 믿음이 있는가를 시험해 볼 수 있는 기회로 삼게 해 주시기를 빕니다. 저의 인생을 돌보시는 하나님께 믿음을 보여드리는 은혜를 주시옵소서.

제가 옷에 대하여 생각할 때, 제가 입어야 하는 믿음의 옷에 시선을 고정시키게 하시옵소서. 값이 비싼 옷에 마음을 빼앗기지 않게 하시며, 허름한 옷이라 하여 외면하지 않게 하시옵소서. 눈에 보이는 옷보다는 그 옷을 예비해 주시는 여호와를 보게 하시옵소서.

제가 옷을 구입할 때, 사람들의 시선을 끄는 화려한 옷은 피하게 하시옵소서. 저 자신이나 다른 사람들의 마음을 현혹하는 화려함을 멀리하게 하시옵소서. 나아가서, 그 옷을 통해서 안목의 정욕이 일어나도록 하는 옷도 거절하게 하시옵소서. 유행을 따르지 않고, 조금은 허름해 보일지라도 검소한 디자인의 옷을 구하게 하시옵소서.

저에게는 세상의 풍조에 따라 옷을 준비하려는 마음이 있습니다. 하나님께의 영광보다는 사람들의 시선을 주목하려는 버릇이 있습니다. 이 외식을 버리고 오직 주님께만 집중할 수 있도록 은혜 주시옵소서.

예수님의 이름으로 기도드립니다. 아멘.

05 _ 벗은 이들에게 입혀 줌

하나님 아버지,

창세 전에 복을 받도록 하셨음에 감사드립니다. 하늘에 속해 있는 신령한 복을 즐거워하게 하시옵소서. 저의 시민권이 하늘에 있게 하셨으니, 천국에 소망을 두게 하시옵소서.

이 세상에 대하여 여행자와 같은 마음을 놓지 않게 하시옵소서. 잠시 있다가 썩어지고 말 세상의 것들을 거절하고, 영생의 복을 그리워하게 하시옵소서. 이 시간에, 가난한 이들, 병들어서 고통을 당하는 이들을 생각할 때, 부끄러운 고백을 드립니다. 그들을 사랑한다 하면서도 전심으로 돕지 못한 것을 용서해 주시옵소서.

때로는 마음이 없이 몇 푼의 돈으로 돕는데 그치기도 하였습니다. 진실로 그들을 나의 목숨과도 같이 사랑하지 못한 죄를 용서해 주시옵소서. 저희들이 살아갈 때, 가난한 이들과 함께 지내게 하셨음에 감사드립니다. 하나님께로부터 거저 받은 사랑을 거저 베풀도록 이웃에 가난한 이들을 두셨습니다.

저희들이 그들을 섬김으로써 하나님의 은총을 나누게 하셨음을 배우게 하시옵소서. 옷이 없거나, 옷 때문에 고민하는 이들에게 한 벌의 옷쯤은 나눌 수 있는 은혜를 주시옵소서. 제가 소유하고 있는 모든 것들에 대하여 청지기임을 잊지 않게 하시옵소서.

예수님의 이름으로 기도드립니다. 아멘.

06 _위에서 내려오는 일용할 양식

하나님 아버지,

재물의 부족함 때문에 하나님을 앙망하는 마음을 빼앗기지 않게 하시옵소서. 우리의 삶이 떡으로만 살 수 없듯이, 또한 재물에 의해서만 살 수 없음을 배우게 해 주시기를 빕니다. 재물의 부족함에서 만물의 주인이 되시는 하나님을 인정하게 하시옵소서.

그리고 여호와의 도우시는 손을 기다리게 하시옵소서. 저를 향하신 하나님의 자비가 그 오른손에 나타날 것을 기다리게 하시옵소서. 이제까지 살아오는 동안에 한 끼니도 굶은 적이 없었음에도 늘 식탁에 대하여 염려했음을 고백합니다.

끼니때마다의 식탁은 하나님께서 자기의 사랑하는 자들을 위해서 베푸시는 것임에도 그 사실을 믿지 못한 죄를 용서해 주시옵소서. 하나님께서 식탁을 차려 주심에 대한 기대를 하지 않고, 염려했던 불신앙의 죄를 용서해 주시옵소서.

저희들에게 오늘을 살아가도록 새 하루를 주셨으니, 양식으로 배불리 먹여 주시는 하나님을 바라봅니다. 저희들의 식탁을 풍요롭게 하시고, 가족들이 한 상에 둘러앉아서 음식을 먹는 기쁨을 주시옵소서.

오늘의 식탁은 저희 가족을 돌보셔서, 오직 위로부터 임하는 하나님의 은혜임을 찬양하게 하시옵소서.

예수님의 이름으로 기도드립니다. 아멘.

07 _탐식을 하지 않음

하나님 아버지,

여호와께서 저의 마음을 지켜 주시기를 원합니다. 의식주의 과제가 중요한 것이지는 하지만, 그것이 삶의 올무가 되지 않도록 하시옵소서. 식탁에서 경험되는 하나님의 은혜를 즐거워하며 음식을 대하게 해 주심을 간구합니다.

수저를 들기 전에 감사한 마음을 갖게 하시고, 혹시라도 식탁 때문에 어려워하거나 눈물을 흘릴 수밖에 없는 이들을 생각하게 하시옵소서. 베풀어 주신 음식에 감사함과 어려운 이들에게도 먹을 양식을 주시는 하나님을 소망하는 자리가 되게 하시옵소서.

여호와의 식탁에서 마음과 생각의 평정을 잃고, 사탄의 미혹에 이끌려 악인의 꾀를 따르지 않게 하시옵소서. 저의 부족함이 사탄에게 그물을 치며, 함정을 놓도록 하지 않게 하시옵소서. 의식주의 과제보다 크신 성령님께서 저의 마음에 좌정해 주시옵소서.

식사를 할 때, 음식을 주신 하나님보다. 음식에 더 마음을 빼앗기지 않게 하시옵소서. 혀에 달다 하여 게걸스럽게 먹거나 포만감을 즐기기 위해서 음식으로 배를 채우는 어리석은 행동을 하지 않게 하시옵소서. 식탁을 거룩한 자리가 되도록 만들며, 음식 앞에서 절제할 수 있게 하시옵소서.

예수님의 이름으로 기도드립니다. 아멘.

08 _가난한 이들과 함께

하나님 아버지,

저희 가족들이 하나님의 소유가 된 자녀로 살게 하심을 감사드립니다. 하나님의 사랑이 저로 하여금 여호와를 즐거워하게 하시고, 하늘에서 내려오는 은혜를 사모하게 하셨음에 감사하게 하시옵소서.

의식주에 관련된 것들로 말미암아 육신에 대한 생각을 하기 전에 먼저 하늘에 대한 소망을 품게 하시옵소서. 여호와 앞에서 거룩하고, 흠이 없는 모습으로 세워져 가는 것에 집중하게 하시옵소서. 재물이 부족할까 하는 염려로 하나님께 집중하지 못한 죄를 고백합니다.

염려 때문에, 넘치도록 채워주시는 여호와를 잊어버리는 죄를 용서해 주시옵소서. 사탄이 하나님을 향한 불신을 충동할 때, 물리치지 못한 죄를 용서해 주시옵소서.

지금까지 지내오는 동안에 결코 한 끼니도 거르지 않게 해 주셨던 하나님을 기억하게 하시옵소서. 새 날을 맞이할 때마다 먹어야 할 음식을 주시는 여호와를 찬양하게 하시옵소서. 언제나 매일, 매일 저희들의 식탁을 아름답게 하신 은혜를 묵상하게 하시옵소서.

오늘, 양식을 주시는 하나님 앞에서 가난한 이들을 생각하게 하시옵소서. 그들에게도 양식을 주시려는 하나님의 의도를 깨닫게 하시옵소서. 사랑해야 될 이들과 함께 식탁을 나누게 하시옵소서.

예수님의 이름으로 기도드립니다. 아멘.

09 _ 성전으로 지어져 가는 집

하나님 아버지,

저희 가정에 복을 주셔서 편안하게 지내게 하시니 감사드립니다. 주님께서는 세상에 오셨을 때, 머리를 두실 곳도 없으셨는데, 저희들에게는 집을 주셔서 감사드립니다. 여호와께서 집을 주셨으니 감사하면서 하늘의 영광을 구하게 하시옵소서. 여호와의 이름을 위하여 제단을 쌓는 집이 되게 하시옵소서.

저희 집이 마음으로는 하나님의 영이 머무르시는 거룩한 처소가 되기를 바라면서도, 주님께 내어드리지 못한 죄를 고백합니다. 예수님을 주님이라 고백하면서도, 주님께서 거쳐하시도록 대접해 드리지 못한 죄를 용서해 주시옵소서. 주님을 손님처럼 대해드리는 저희들의 죄를 깨닫게 하시옵소서.

이 집을 좋아하고, 소중하게 여기지만, 이 집이 영원하지 않음을 잊지 않도록 하시옵소서. 성령님의 감동하심에 따라 언제나 하늘에서 살 영원한 집을 사모하게 하시옵소서. 여기에서의 집은 저의 육신이 잠시 머무르는 곳임을 묵상하게 하시옵소서.

오늘이라도 하나님께서 부르시면 떠나야 할 집이니 여기에 집중하지 않게 하시옵소서. 저희 식구들이 이 집에 머무르는 동안에 하나님의 영광을 위해 바쳐지는 집이 되기를 간구합니다.

예수님의 이름으로 기도드립니다. 아멘.

10 _호화로이 꾸미지 않음

하나님 아버지,

하나님의 예정하심에 따라 천국 백성이 되게 하셨음에 감사드립니다. 이 땅에서 지내는 동안에, 먹고, 입으며, 지내는 모든 것들을 공급해 주시듯이, 천국 백성으로서의 삶에도 공급해 주시는 은혜를 기억하게 하시옵소서.

십자가에서 쏟으신 주님의 보혈로 의롭게 해 주신 사랑으로 말미암아 영화롭게 해 주실 것을 바라보게 하시옵소서. 하나님의 은혜로 좋은 집에 살면서 예비된 천국의 집을 잊고 지낸 죄를 용서해 주시옵소서.

이 집에 대하여 애정을 쏟는 만큼 천국에서 살 영원한 집을 그리워하지 못한 죄도 고백합니다. 저와 저희 가족들이 집에 대한 만족함 보다도 천국에 예비 되어 있는 집을 더욱 소망하게 하시옵소서.

이 땅에서의 집이 아무리 좋게 여겨져도, 천국에 예비 되어 있는 집만큼은 못하다는 것을 기억하게 하시옵소서. 이 땅에서도 평안을 누리도록 집을 주셨음에 감사하고 더 나아가 천국에서는 얼마나 아름다운 집에서 살게 하실 지를 생각하며 더욱 더 감사하게 하시옵소서.

우리 집의 안락함을 즐거워할 때마다 주님이 베풀어 주신 은혜를 깊이 생각하고, 감사드리고, 또한 보혈의 은혜를 찬양하며 자신을 거룩하게 세워가게 하시옵소서.

예수님의 이름으로 기도드립니다. 아멘.

11 _ 나그네에게 제공되는 잠자리

하나님 아버지,

지금까지 살아오게 하셨으니, 앞으로도 살아가도록 하심을 믿을 때 감사드립니다. 의식주에 대한 것이 생존에 있어서 절대 필요한 것이지만, 하나님께서 친히 공급해 주실 것을 기대하게 하시옵소서. 좋은 것으로 만족하게 해 주시는 여호와의 손길에 감사하게 하시옵소서.

생각해 보건대, 저희들의 모든 것이 다 하나님의 것이었음을 고백합니다. 말로 표현할 수 없는 하나님의 사랑과 긍휼이 저희들로 하여금 누리게 하셨으나 그 은혜를 잊었음에 용서해 주시옵소서. 지금이라도, 저와 저희 가족들의 영혼을 불러주시면, 여기에서 누리는 것들이 아무것도 아님을 기억하게 하시옵소서.

이제, 무엇을 먹을까 염려될 때 저의 영혼을 위해서 신령한 양식을 먹을 것에 대하여 생각하게 하시옵소서. 또한, 무엇을 입을까에 대한 염려 대신에 여호와의 거룩하심으로 옷을 입게 하시옵소서. 그리고 집에 대한 근심을 천국에서 영원히 살 집을 바라보는 생각으로 바꾸어 주시옵소서.

이 집으로 말미암아 하나님의 영광을 구하고, 저희들에게는 즐거움이 되게 하시옵소서. 저희 가정에 좋은 집을 주신 하나님의 의도를 깨닫게 하시옵소서.

예수님의 이름으로 기도드립니다. 아멘.

12 | 가난함에서 부요를 위하여

01 _외양간에 소가 없을지라도

하나님 아버지,

가난으로부터 벗어나게 해 주실 하나님을 바라보며 기도하게 하셨음에 감사드립니다. 옷 한 벌을 제대로 사 입지 못하는 자신을 한탄하고, 자신이 미웠던 그 감정을 가족들에게 쏟는 저였습니다.

저의 어리석었음을 깨닫게 하시며, 저에게 필요한 돈이 하나님께 있음을 배우게 하셨음에 감사드립니다. 이 기회에 깨달아야 할 것들을 배우는 은혜를 주시옵소서. 혹시 모를 자신의 실수나 어리석음에 하나님의 간섭하심의 은혜를 잊지 않게 하시옵소서.

가난이라는 연단의 시간을 통해서 온전해지는 모습을 바라보게 하시옵소서. "외양간에 소가 없을지라도"라는 말씀이 제게 힘이 되게 하시옵소서. 이 역경이 저로 하여금 하나님의 사람이 되는데 필수적이라면 감사로 받아들이게 하시옵소서. 견뎌내기에는 힘들어도, 이 연단을 통과하여 좋은 그릇으로 빚어지기를 빕니다.

지금 겪고 있는 재물의 궁핍이 저의 인격을 하나님 앞에서 연단하는 기회가 되기 원합니다. 이로써 제가 여호와 앞에서 부족함이 없게 되게 하시옵소서. 재물의 부족으로 육적으로는 고통스럽지만 재물이 줄 수 없는 영적인 온전함에 이르게 하시옵소서.

예수님의 이름으로 기도드립니다. 아멘.

02 _은혜와 영화를 주시며

하나님 아버지,

죄악으로 말미암아 제가 넘어지기 전에 회개하기를 원합니다. 알기도 전에 지은 죄에 대하여 깨닫게 해주시옵소서. 죄는 그림자라도 가까이 가지 않도록 저의 걸음을 막아 주시옵소서.

혹시, 제가 하나님 앞에서 재물을 바르게 사용하지 못했다면 회개하는 은혜를 경험하게 하시옵소서. 주님의 영광을 위하여 재물을 관리하지 못한 불의함을 회개하게 하시옵소서. 저의 사사로운 욕심으로 하나님 앞에서 청지기로 살지 못했던 행실을 회개합니다.

재정의 궁핍 때문에 하나님 앞에서 흔들리지 않게 해 주시옵소서. 도리어 돈을 통해서 저 자신을 바로 살필 수 있는 기회가 되기를 원합니다. 저의 인생을 돈에 팔지 않게 하시옵소서. 돈보다도 저 자신이 더욱 귀한 것을 잊지 않게 하시옵소서.

이 시련이 필요하였기에 주셨음을 믿습니다. 저에게는 환난의 시간이지만, 여호와 앞에서 하나님의 사람으로 만들어주시는 은혜라 믿습니다. 재정의 환난을 은혜로 바꾸어서 하늘의 신령한 복을 누리게 하시옵소서. 이 재정의 고난이 결코 저의 죄 때문이 아님을 확신합니다. 간절히 원하였던 바는 궁핍에서도 하나님께 영광을 드리게 하시옵소서.

예수님의 이름으로 기도드립니다. 아멘.

03 _좋은 것으로 네 소원을

하나님 아버지,

돈이 모자라 지불하지 못하고 있는 상황이 고스란히 채무가 되고 있음을 불쌍히 여겨 주시옵소서. 여러 공과금의 체납으로 과태료가 붙어 지불해야 될 돈이 누적되어 부담이 커지고 있습니다.

수입과 지출의 균형을 놓치고 살아온 생활을 회개합니다. 하나님의 방법으로 돈을 사용하지 못해서 빚어진 결과라 깨닫습니다. 이 곤경에서 구해주시고, 재정에 대한 하나님의 뜻을 배우게 하시옵소서.

저의 가정을 복의 집이 되게 하시옵소서. 부모는 자녀들은 축복하고, 자녀들은 부모에게 효도를 다하는 심정으로 축복하게 하옵소서. 축복의 말에 마귀는 한 길로 왔다가 도망가게 하시고, 하늘의 신령한 은혜와 땅에서 얻는 소득으로 감사가 넘치기 원합니다.

오늘, 좋은 것으로 저의 소원을 만족하게 하시는 하나님의 약속을 묵상합니다. 돈이 없음의 아픔에 두려워하지 않고, 성령님의 충만하심을 구하기를 빕니다. 성령님의 충만하심으로 저에게 역사하는 사탄의 궤계를 보도록 하시고, 주님의 권세로 쫓아내어 주시옵소서.

이 고난을 하나님께서 아시리라고 확신합니다. 제가 견디어 낼만하고, 배워야 할 것이 있으므로 역경의 시간을 주셨습니다. 역경이 은혜의 다른 얼굴이 될 것에 소망을 두게 하시옵소서.

예수님의 이름으로 기도드립니다. 아멘.

04 _옥토를 네게 주셨음으로

하나님 아버지,

하나님을 찾게 하시니 감사드립니다. 궁핍함의 어려움이 틈을 타서 마귀가 참소하지 않게 하시옵소서. 마귀는 온갖 생각을 통해 저를 미혹하지만, 하나님께 마음과 생각을 고정하게 하시옵소서. 하나님의 이름에 소망이 있어 머리를 숙였습니다.

제가 눈으로 보여 지는 환경에 마음을 빼앗기지 않고, 믿음의 고백을 하게 하시옵소서. 지금, 겪고 있는 궁핍함으로 말미암는 말은 거절하고, 하나님의 약속을 저의 입술을 두게 하시옵소서. 성령님께 저를 드립니다. 돈이 없음의 역경을 이겨나갈 수 있도록 위로하시고, 견디어 낼 만한 힘을 주시옵소서.

한숨으로 보내는 저를 위로해 주시고, 극복해내도록 힘을 주시옵소서. 가난의 풍랑을 고요하게 해 주실 하나님을 바라보게 하시옵소서. 제가 이 아픔을 견디기 힘들어 하여 사탄이 미혹하는 소리에 귀를 기울이지 않게 하시옵소서. 저의 실패가 하나님의 복이 아님을 생각하게 하는 유혹에 넘어가지 않게 하시옵소서.

오늘 하나님 앞에서, "내 마음이 악한 일에 기울어 죄악을 행하는 자들과 함께 악을 행하지 말게 하시며 그들의 진수성찬을 먹지 말게 하소서."(시 141:4) 라는 말씀을 종일 내내 묵상하게 하시옵소서.

예수님의 이름으로 기도드립니다. 아멘.

05 _주께서 하시는 일의 결실이

하나님 아버지,

"내가 나의 마음에 죄악을 품었더라면 주께서 듣지 아니하시리라." (시 66:18) 하신 말씀을 깨닫는 시간이 되었습니다.

실패하고 말았다는 부끄러움보다도 이 기회에 하나님을 더 알게 되었다는 것으로 즐거워하게 하시옵소서. 제가 누릴 수 있는 하나님의 뜻과 함께 은총을 누리게 하시옵소서.

돈이 모든 일을 가능하게 하고, 돈이 부족함으로 말미암아 해야 될 일을 하지 못하는 이 시대에, 재물로부터 자유하게 해 주시옵소서. 재정의 부족으로 제가 해야 될 것을 하지 못하는 어려움에 처해 있습니다. 재정의 부족이 저에게 멍에가 되지 않게 하시옵소서.

하나님께서 도우시리라는 확신에 소망을 갖게 하시옵소서. 어떻게 나아가야 할지 막막한 느낌을 가진 저에게 지혜를 주시옵소서. 저를 향하신 하나님의 은혜는 결코 포기되지 않음을 믿게 하시옵소서. 불쌍히 여기시는 여호와의 긍휼을 바라봅니다. 하나님께서 저에게 복을 주사, 만족하게 해 주실 것을 기대하게 하시옵소서.

이 시간에, 저의 영안을 뜨게 하셔서, 실패를 사용하여 저에게 메시지를 보내시는 하나님을 만나게 하시옵소서. 이 괴로움의 풍랑이 더욱 거세져도, 의연하게 대처 할 수 있도록 붙들어 주시옵소서.

예수님의 이름으로 기도드립니다. 아멘.

06 _주께서는 나를 생각하시오니

하나님 아버지,

저의 어려움이 재물에 대한 저의 잘못된 습관의 결과였다면 하나님께로 뜻을 돌이키게 하시옵소서. 재물을 주신 하나님의 뜻에서 떠나 저의 생각과 욕심에 따라 돈을 사용했던 습관을 버리게 하시옵소서. 돈에 대하여 말씀하시는 하나님의 명령을 듣게 하시옵소서.

돈으로 저를 억압하려는 사탄을 보게 하시옵소서. 갑자기 수입이 줄어들게 하는 원수의 능력을 물리쳐 주시옵소서. 과도하게 지출하여 재정의 관리를 혼란스럽게 한 저주의 영을 물리쳐 주시옵소서.

가난의 환난이 인생을 고달프고 쓰라리게 합니다. 그러나 저에게 이러한 환난이 필요하기에, 하나님께서 허용하셨음을 믿습니다. 어떤 은혜를 주시려고 실패를 당하게 하셨는지요? 하나님의 섭리를 깨닫게 하시옵소서.

여호와의 은혜로 살아가기를 원하는 저에게 세례 요한을 따르게 하옵소서. 광야에서 회개를 외치고 세례를 베풀면서 주님의 길을 예비했던 그의 행적이 지금 나의 것이 되어, 지금 이 땅에서 주님의 길을 예비하는 종이 되도록 은혜를 내려 주시옵소서.

적막한 광야에서 오직 하나님만을 묵상하면서 지낸 요한의 경건을 배워서 이 시대에 선지자의 역할을 감당하게 하시옵소서.

예수님의 이름으로 기도드립니다. 아멘.

07 _네게 재물 얻을 능력을

하나님 아버지,

우리 주님께서 마귀의 일을 멸하시려 세상에 오셨음을 믿습니다. 오늘, 저를 경제적인 어려움을 통해서 넘어지게 하려는 마귀의 일이 주님의 십자가로 멸해짐을 믿습니다.

궁핍으로 인한 두려움에 저를 몰아넣으려는 마귀의 일이 이미 멸하여졌음을 믿습니다. 이 위급한 상황은 잠시일 뿐, 곧 하나님의 부요케 하심이 넘치게 될 줄로 믿습니다.

어려움을 만났으나 소망이 있음에 즐거워하게 하시옵소서. 절망에 이르지 않고, 소망을 약속해 주셨으니 즐거워하기를 빕니다. 이 시련에도, 하나님이 피난처가 되시니 피할 수 있고, 하나님이 힘이 되시니 또다시 도전할 수 있음을 기억하게 하시옵소서.

이 위기가 저를 위한 하나님의 시간인줄로 믿습니다. 역경의 시간을 통해서 재물을 관리하는 저의 잘못된 자세를 고치시려는 하나님의 의도를 배우게 하시옵소서.

가난의 고통을 복으로 삼기 위한 기회로 돌이키게 하시옵소서. 생각을 돌이켜 옛 사람의 습관에서 떠나 하나님의 사람으로 재물을 대하도록 하시옵소서. 하나님께서 지금까지 인도해 주셨음에 감사하면서 저의 평생에 여호와만 사랑하겠다는 다짐의 은혜를 주시옵소서.

예수님의 이름으로 기도드립니다. 아멘.

08 _가축과 은과 금이

하나님 아버지,

주님께서 십자가에 달려 피 흘리심으로써 제가 자유하게 되었음을 믿습니다. 저를 자유롭게 해주신 주님의 피가 저를 짓누르고 있는 재정의 어려움에서 저를 자유하게 해주심을 믿습니다.

잠시 고난을 당하는 것에 대한 패배감보다 하나님께 눈을 돌리게 하시옵소서. 이제와 같이 앞으로도 저를 사랑해 주실 하나님이시기에 큰 위로가 됩니다. 제가 힘들어 하는 순간에도 하나님은 나의 하나님이심을 기억하게 하시옵소서.

제가 오늘도 주님을 의지함으로써 세상을 이기게 하시고 하나님의 공의로우심으로 선을 심고 의를 거두게 하여 주시옵소서. 지금까지 누렸던 저의 성공이 하나님의 은혜였듯이, 이 실패도 저의 생애를 위한 하나님의 복으로 받게 하시옵소서.

저의 부족함이 이 역경을 만들었지만, 하나님의 은혜가 함께 하심을 기다립니다. 제가 여호와 앞에서 온전하지 못하였기에, 하나님의 마음을 곤고하게 했음을 깨닫습니다.

자신을 지켜 세속에 물들지 않게 하시옵소서. 하나님을 두려워하는 중에 거룩함을 온전히 이루는 삶을 소유하기 원합니다. 자신을 깨끗케 함에 예민하여 거룩함을 지니도록 하시옵소서.

예수님의 이름으로 기도드립니다. 아멘.

09 _주의 귀를 기울여 내게

하나님 아버지,

가난해지고서야 비로소 재물에 대하여 제가 잘못되게 살아왔음을 깨달았습니다. 재물에 마음을 빼앗겨 재물이 우상이 되었음을 회개합니다. 재물로 인하여 저의 심령이 더럽혀지지 않도록 은혜를 주셨음에 감사드립니다.

이 역경에 하나님의 섭리가 있음을 믿으니, 이로 말미암아 찬송하게 하시옵소서. 환난 중에, 찬송을 함으로써 주의 영광을 구하게 하시옵소서. 환난을 통하여 하나님의 뜻이 저의 삶에서 이루어지는 즐거움을 보게 하시옵소서. 여호와는 저의 기쁨이십니다.

하나님의 사랑을 받고 있음에 감사하면서 주님의 영으로 감격하게 하시옵소서. 하루하루를 주님과 함께 걸으면서 날마다 주님께 친백성으로, 주님의 말씀을 따라 살려는 거룩한 욕망을 갖게 하시옵소서.

이 시간에, 하나님께서 저의 간구에 귀를 기울이고 계심을 믿습니다. 하나님의 은혜에 목마른 심정으로 여호와 앞에 서는 복을 내려 주시옵소서. 하나님을 사랑합니다.

하나님께서 오늘도 저를 주목하시고, 저를 위하시는 사랑에 힘을 얻게 하시옵소서. 오늘 제가 하는 일들을 통해서 하나님께 영광을 드리고 베풀어 주시는 은혜를 기다리게 하시옵소서.

예수님의 이름으로 기도드립니다. 아멘.

10 _종일토록 은혜를 베풀고

하나님 아버지,

궁핍한 생활로 말미암아 저를 쓰러지게 하려는 사탄의 공격을 보게 하시옵소서. 주님께서 사탄을 대적하셨던 것처럼 저 또한 하나님의 말씀으로 사탄을 물리치기 원합니다.

가난의 어려움을 틈타서 저를 참소하려는 더러운 영을 보게 하시옵소서. "비어있는 지갑을 통해서 나를 두려움으로 몰아가는 영아 물러가라! 나의 하루, 하루를 하나님께서 책임져 주신다."

저의 삶에서 때마다, 일마다, 순간순간을 함께 해 주셨던 하나님을 사랑합니다. 하나님의 도우심을 의지하는 것만이 저의 피난처가 됨을 믿습니다. 그 도우심에서 잃었던 평안을 도로 찾게 하시옵소서. 이 일에 간섭하시는 은혜를 기다리게 하시며, 하나님의 말씀에서 평안을 구하게 하시옵소서.

하나님의 말씀으로 위로를 찾게 하시며, 그 말씀에서 지혜를 얻어 슬기롭게 극복하도록 하시옵소서. 이제, 이 어려움을 슬기롭게 이겨냄으로써 여호와 앞에서 지혜의 사람으로 세워지게 하심을 바라봅니다.

오늘도 예비하신 하늘의 복으로 저와 우리 가정을 둘러 주시옵소서. 좋으신 하나님께서 여호와께 복된 지체들에게 복을 내려 주셨음을 기억합니다. 넘치도록 베풀어 주신 은혜를 묵상하게 하시옵소서.

예수님의 이름으로 기도드립니다. 아멘.

11 _오직 필요한 양식으로

하나님 아버지,

하나님께서 바로 지금, 저와 함께 하심을 기뻐합니다. 언제나 저를 돌보아 주신 은혜를 새롭게 느껴봅니다. 이제까지 함께 하신 하나님께서 오늘도 그리고 영원히 여기에 계심을 믿고 감사드립니다.

저를 넘어뜨리려는 사탄은 저에게 재물의 부족으로 공격할 것입니다. 저를 대적하는 사탄을 물리쳐 주시옵소서. 저를 공격하는 마귀의 일을 멸하여 주시옵소서. 제가 소유의 넉넉함에서 하나님을 찬양하고, 복되게 사는 것을 보시기 원하시는 하나님께 감사드립니다.

이제껏 성결한 삶을 살기에 게을렀던 저희를 용서하시고, 깨끗한 심령으로 주님의 영광을 대할 수 있도록 정결한 마음을 주시옵소서. 가난함을 통해서 거듭나게 해 주신 은혜를 늘 묵상하게 하시옵소서.

여호와는 저를 살리시는 하나님이시기에 아무리 어려운 역경이 닥쳐온다 할지라도 모든 상황들이 연단을 통해 훈련되어 져서 하나님을 영화롭게 해드리는데 쓰여 지게 하시옵소서.

"내 백성이 그들의 악한 길에서 떠나 스스로 낮추고 기도하여 내 얼굴을 찾으면 내가 하늘에서 듣고 그들의 죄를 사하고 그들의 땅을 고칠지라."(대하 7:14)는 말씀이 저에게 거룩한 결단이 되게 하시옵소서.

예수님의 이름으로 기도드립니다. 아멘.

13 | 질병에서 견딤을 위하여

01 _그의 성산에서 하시는 응답

하나님 아버지,

누구에게 말한다 할지라도 구원해 줄 없는 고통이지만, 순간순간 지탱하게 하시는 여호와의 은혜에 감사드립니다. 이 시간에, 견디기 힘들도록 아픔이 심하지만, 주님의 십자가를 바라봅니다.

원하지 않던 질병으로 하나님이 원망스러웠지만, 오히려 기회가 되었음을 깨달았습니다. 갑작스럽게 병에 걸림으로 말미암아 낙심할 수도 있었으나, 여호와를 향해서 얼굴을 들게 하셨음에 감사드립니다. 질병 앞에서 하나님의 이름을 불러 봅니다. 이 시간의 누림이 질병의 은혜인 것을 묵상하게 하시옵소서.

하나님 아버지,

몸이 병들고서야 육체의 연약함을 알게 하시고, 나날이 건강하게 하셨던 그 은혜를 깨달았습니다. 육체의 주인이 하나님이심을 솔직하게 고백하는 시간도 갖게 되었습니다.

아픔의 괴로움보다, 여호와를 찾게 하셨음에 감사하게 하시옵소서. 이 고통이 몸으로 부르짖는 간구가 되어, 하나님께 전해지기를 빕니다. 저의 고통이 심한 것을 아시고, 때를 따라서 넉넉하게 이기게 하실 하나님을 바라보게 해 주시옵소서.

예수님의 이름으로 기도드립니다. 아멘.

02 _안식을 주시는 날에

하나님 아버지,

육체의 질고로 고통스러운 시간을 보냄도 하나님의 은혜라 믿습니다. 그 은혜가 있었기에, 여호와 앞에서 겸손하였고, 잠잠할 수 있었으니 감사드립니다. 육체로는 아픔이 심하지만, 영혼은 더욱 평안해지게 하시옵소서.

고통이 죽음으로 몰아가는 것 같을지라도, 여호와의 얼굴에 소망을 두게 하시옵소서. 힘들어 할 때, 우리 주님도 아심을 믿습니다. 치료해 주시는 여호와의 은혜로 눈물의 골짜기를 지나게 하시옵소서.

이 고통이 여호와께 거룩한 시간이기를 빕니다. 병상에 누어있는 시간이 하나님께 어떻게 쓰여 지는 지에 대한 생각을 갖게 하시옵소서. 지금, 눈물을 흘리는 것 밖에 아무 것도 할 수 없음을 통해서 저의 연약함을 보게 하셨음에 감사하게 하시옵소서.

고통의 시간에, 자신을 분명히 들여다보게 하시옵소서. 이성적으로만 아니고, 저의 체험에서 인간의 약함을 경험하게 하시옵소서. 질병이 제가 누구인가를 알게 하는 은혜가 되었음을 깨닫게 하시옵소서.

저의 슬픔을 알고 계신 하나님이시기에 위로를 받습니다. 저의 곤고함을 알고 계시는 하나님이시기에 이 괴로움에서 안식을 주시기를 간구합니다.

예수님의 이름으로 기도드립니다. 아멘.

03 _자기 백성에게 힘을 주심이여

하나님 아버지,

여호와의 자비가 봄비와도 같아, 메말랐던 심령을 촉촉이 적셔주시며, 그 은혜로 지내오게 하신 날들을 되새겨 봅니다. 저에게만 닥쳐 온 질병 같이 여겨져 낙심이 되지만, 여호와의 손에 안겨 평안하게 하시옵소서.

육체의 연약함에서 오는 고통의 시간에 주님의 십자가를 바라보게 하시니, 감사드립니다. 비록, 몸은 병들어서 괴로움을 더하지만, 이 몸에 나타나는 하나님의 영광을 보게 하시옵소서. 이미, 몸은 썩을 것임을 알게 하셨으니, 영생에 소망을 두게 하시옵소서. 하나님의 영광을 드러낸다면, 이 환난이 감사의 식탁이 되게 하시옵소서.

저의 육체를 하나님께서 만지심에는 거룩한 이유가 있음을 믿습니다. 저의 몸에서 영광을 취하실 하나님의 의도를 깨닫게 하시옵소서. 병을 참아 견디는 고통의 한숨이 하나님의 뜻을 찾는 기회가 되게 하시옵소서.

아픔이 심하여, 온 몸이 녹아내리는 듯하여, 하나님의 은혜로 견디게 해 주시기를 빕니다. 괴로운 시간을 통해서 고통에 함께 하시는 하나님을 생각하게 하시옵소서. 하나님의 치유하심을 기다리니 육체도 강건하게 해 주시는 은혜를 주시옵소서.

예수님의 이름으로 기도드립니다. 아멘.

04 _여호와를 기다리고 기다렸더니

하나님 아버지,

아픔의 눈물이 쏟아질 때마다, 하늘을 바라보게 하셨음에 감사드립니다. 이 고통 때문에, 남들이 찾지 않는 시간에 여호와의 이름을 부르게 하셨음을 즐거워합니다. 치료해 주시는 하나님의 은혜에 소망을 두게 하시옵소서.

육체적으로 고통이 심하여 잠을 이루지 못하는 밤이지만, 여호와의 함께 계심에 감사드립니다. 아픔이 더해질 때마다, 영적으로는 강건함이 넘치도록 해 주셨음을 묵상합니다.

하나님 아버지,

이 시간이 아니라면 언제 기도하겠습니까? 이 고통이 없었다면 언제 간절함으로 여호와의 이름을 부르겠습니까? 몸은 연약하나 심령은 성령님의 은혜로 풍성해지게 하시옵소서. 하나님께서 제게 주신 고통의 선물을 즐거움으로 누리게 하시옵소서.

육체의 고통을 통해서 여호와의 치료하시는 손을 기다리게 하셨음을 묵상합니다. 뼈의 마디, 마디가 찌를 듯이 저려올 때마다 하나님의 이름을 부르게 하시옵소서.

저의 고통 때문에 낙심하지 않게 하시옵소서. 이 외로운 시간이 하나님께 영광이 되기를 사모하게 하시옵소서.

예수님의 이름으로 기도드립니다. 아멘.

05 _울부짖을 때에 들으셨도다

하나님 아버지,

지금까지 지내오면서 때마다, 일마다 차고 넘치는 하늘의 은혜를 보게 하셨음에 감사드립니다. 그 은혜의 물결이 힘차게 밀려와 만족하게 하셨습니다. 고통이 더해지는 시간을 저에게 주시는 하나님의 시간이라는 은혜로 견디게 하시옵소서.

오늘도, 눈물로 얼굴이 적셔지지만, 하나님의 은혜를 바라보게 하시옵소서. 몸이 아픈 고난을 수용하고 겸허히 받아들이게 하시옵소서. 이 아픔을 믿음으로 견디면, 저의 영혼이 여호와 앞에서 더욱 강하게 하심을 믿습니다. 저의 육체를 하나님께 내려놓은 은총의 즐거움을 주시옵소서.

오직 마음의 소원을 이루고자 하는 열심히 살아온 저의 시간이었습니다. 지금도 해야 될 일들이 많은데, 병상에 누어있어야 하는지요? 이 고통이 제 인생을 망치게 하려는 것이 아님을 알게 하시옵소서.

지금은 몰라도 저의 삶에 새로움이 있어야 하므로 고통을 주신 것으로 믿습니다. 역경의 밤을 은혜로 견디게 하시옵소서.

질병을 통해서 저의 육체가 새롭게 되듯이, 저의 삶도 새로워지기를 빕니다. 어머니의 태에서 저의 몸을 만드셨던 은혜로 새롭게 해 주시옵소서. 눈물의 간구에 응답해 속히 일어나게 하시옵소서.

예수님의 이름으로 기도드립니다. 아멘.

06 _선하시며 인자하신 여호와

하나님 아버지,

여호와의 보호하심이 소망이 되어, 육체적으로 어려움을 겪고 있으나 소성케 하심을 바라게 하시니 감사드립니다. 하나님의 치유하심의 은총이 나타나 육체의 조직을 강건하게 만들어 주시옵소서.

질병의 고통으로 말미암아 하나님을 찾습니다. 잠시라도 참기 어려운 중에도, 여호와의 이름을 부르게 하시니 감사드립니다. 육체는 무너질 수밖에 없음을 깨닫게 하시고, 병이 나음에만 소망을 두지 않게 하시옵소서. 이로써 하나님을 더 사랑할 수 있다면 받아들이는 은혜를 주시옵소서.

진실로 항상 기뻐하고, 범사에 감사하게 하옵소서. 살아가면서 만났던 수많은 평탄한 날들이 당연한 것처럼 여겨지던 어리석음을 회개합니다. 진정, 건강하게 아침을 맞이하게 하셨음에 감사하지 못했던 교만함을 회개합니다. 제가 자신의 몸을 잘 돌보아서 건강하게 여겼던 죄를 고백합니다.

질병을 통해서 은혜를 아는 사람이 되게 하셨음에 감사드립니다. 건강하게 지낸 시간들을 주셨음에 감사드립니다. 이 시간이, 저의 삶에서 어두운 터널이 아닌, 여호와의 또 다른 선하심을 보여주시기 위한 시간임을 믿게 하시옵소서.

예수님의 이름으로 기도드립니다. 아멘.

07 _사망의 문에서 일으키심

하나님 아버지,

육체의 연약함은 눈물을 마르지 않게 하지만, 주님의 크신 사랑이 충만하게 하시니, 감사드립니다. 그 사랑이 화평과 기쁨으로 위로가 됨을 고백합니다. 이 질병으로 저를 찾아와 주시는 여호와를 만나게 하시옵소서.

인간의 육체는 의지할 바가 못 된다는 것을 깨닫는 은혜를 주셨습니다. 이 믿음으로 육체를 이기는 삶을 경험하게 하시옵소서. 질병의 고통을 통해서 육체를 이기게 하시는 하나님의 경륜을 배우게 하시옵소서. 견디기 힘든 시간을 겪으면서 육체의 집이 아니라, 병들지 않는 하늘의 영원한 집을 더욱 사모하게 하시옵소서.

이 시간이 은혜의 때가 되게 해 주시기를 빕니다. 아직도 제게는 스스로도 다스리지 못하는 분노가 있습니다. 하나님의 영광을 가리는 혈기가 있습니다. 육체의 고쳐짐과 함께 저의 악한 것들이 이 기회에 치료되게 하시옵소서.

역경의 시간을 즐거움으로 바꾸어 주심을 기다립니다. 괴로움의 눈물을 그치게 하시고, 병든 몸을 고쳐주실 것을 기다리며, 제가 받을 은혜를 기다리는 중에, 낙심하지 않게 하시옵소서. 제가 다시 일어나지 못한다 할지라도 영혼이 굳게 서게 하시옵소서.

예수님의 이름으로 기도드립니다. 아멘.

08 _정직한 자를 구원하시는

하나님 아버지,

쉽게 고쳐지지 않는 질병의 고통이 오히려, 하나님을 더 가까이 하게 하심을 즐거워합니다. 뼈를 찌르는 아픔의 시간마다 여호와의 함께해 주심에 소망을 둡니다. 사랑의 하나님을 찬미하게 하시옵소서.

지금, 고통의 시간에, 지난날의 자신을 돌아봅니다. 건강하다고 자랑할 때, 건강한 몸을 얼마나 방치했는지를 회개합니다. 건강한 몸을 가지고, 하나님을 영화롭게 해드리는 일에 쓰지 못한 죄를 용서해 주시옵소서. 죄를 용서받고, 육체도 깨끗해지기를 빕니다.

오늘, 저의 육체뿐만 아니라 병든 영혼도 고침을 받게 하시옵소서. 저의 인생을 하나님께 드리지 못하고, 관념적으로 하나님의 이름을 불러왔던 종교적인 모습을 고쳐 주시옵소서. 자신에게 집착되어 있던 인생을 하나님의 사람으로 새롭게 하시옵소서. 성령님의 역사로, 관절과 골수를 새롭게 하시고, 세포와 신경의 마디, 마디에 새 힘을 공급해 주시옵소서.

아픔을 견디어야 하는 시간이 잠깐 동안이 되게 하시옵소서. 연약해진 몸을 새롭게 해 주시옵소서. 불쌍히 여기시고, 건강한 몸을, 의로운 삶을 주님께 드릴 기회를 주시옵소서. 치료해 주시는 여호와의 광선을 보는 은혜를 누리게 하시옵소서.

예수님의 이름으로 기도드립니다. 아멘.

09 _내가 네 기도를 들었고

하나님 아버지,

제 마음이 낙심이 되며, 근심에 눌리지만 하나님의 은혜로 거두어 주실 것을 확신하니 감사드립니다. 질병으로 말미암은 고통이 영혼마저도 아픔으로 몰아가지만, 하나님의 사랑으로 덮어주심을 기다리게 하시옵소서.

고통의 눈물을 쏟아내고 있지만 감사하게 하시옵소서. 아픔의 시간에 주님의 남은 고난을 육체에 채우는 영광을 주시옵소서. 그래서 지금, 질병으로 연단을 받는 것을 은혜의 시간으로 바꾸게 하시옵소서.

이 연단을 감사하여 병든 몸으로 산제사를 드리는 기쁨을 주시옵소서. 간절히 간구하니, 원하지 않는 질병으로부터 자유함을 얻게 해 주시옵소서.

그리고 혹시라도 저에게 하나님께서 원하시지 않으시는 영적인 질병이 있다면, 그것으로부터도 자유함을 얻게 하시옵소서. 생명을 주관하시는 하나님께서 저의 육체와 영혼을 온전하게 하심을 믿습니다.

이 시간에, 치료하시는 나의 하나님이 되어 주시옵소서. 기도를 들어 주심을 믿게 하시니 감사합니다. 질병으로 말미암아 어둠의세력이 저를 짓누르고 있으니, 성령님의 충만하신 임재를 빕니다. 질병의 근원을 물리쳐 주시고, 몸을 깨끗하게 해 주시옵소서.

예수님의 이름으로 기도드립니다. 아멘.

10 _ 만사에 구비하고 견고하게

하나님 아버지,

여호와의 크고 부드러운 팔로 안아주심을 매일 느끼고 지내온 삶을 묵상합니다. 아픔이 심히 더해질 때마다 하나님의 품을 그리워하게 하시니 감사드립니다. 여호와의 자비가 은혜의 물결이 되어 덮게 하시옵소서.

하나님의 은혜로 건강하게 지내온 것을 잊고, 자만했던 삶을 회개합니다. 이 몸을 제 것처럼 여기고, 경거망동했던 죄를 회개합니다. 건강한 몸을 주셨을 때, 청지기의 자세를 가지고 제대로 섬기지 못했음을 용서해 주시옵소서.

지금, 고통의 시간에 오히려 하나님의 은혜를 누리게 하시옵소서. 아무런 소망도 없는 것 같고, 절대 낙심에 처할 수밖에 없음을 불쌍히 여겨 주시옵소서. 이 질병에서 벗어나기 위하여 제가 해 볼 수 있는 것이라곤 아무 것도 없습니다.

역경의 시간 동안에 하나님을 더욱 가까이 하게 하시며, 생명을 여호와께 맡기게 하시옵소서. 하나님의 은혜는 이 소망이 없는 자에게 소망을 주실 줄로 믿습니다.

이 곤고한 자가 여호와의 은혜로 말미암아 희락의 즐거움에 들어가게 하심을 믿습니다. 어서 속히 구원해 주시옵소서.

예수님의 이름으로 기도드립니다. 아멘.

11 _내가 매일 주를 부르며

하나님 아버지,

육체의 연약함을 외면하지 않으시고, 늘 어루만져 주신 하나님의 은혜에 감사드립니다. 통증의 고통이 심해져 참으로 견디기 어려우나 십자가에 달리셨던 주님을 생각하기 원합니다.

이 질병의 고통스러운 시간이 저를 강한 사람으로 단련시키는 기회가 되게 하시옵소서. 이 시간을 은혜의 기회로 삼기 원합니다. 육신의 아픔으로 저를 만지시는 하나님의 손길을 느끼게 해 주시옵소서.

하나님께서 저를 끝까지 사랑하고 계심을 믿습니다. 오랫동안 병상에서 외로운 시간들을 보내면서 고통이 더해져 저도 모르게 신음을 할 때, 우리 주님의 마음을 느끼게 해 주시옵소서. 저에게서 하나님의 일을 나타내시고자 하심을 믿고, 견디게 하시옵소서.

육체에 임하는 환난이 있기에, 제가 겸손해 질 수 있다면, 여호와께 영광입니다. 겸손의 손을 모으게 하시옵소서. 겸손의 눈을 떠서 여호와의 손을 바라보게 하시옵소서.

지금까지 저의 겸손은 종교적인 태도였음을 고백합니다. 진실로 하나님 앞에서 겸손하게 하심을 감사드립니다. 겸손한 자의 무릎으로 여호와 앞에서 마음을 바쳐 하나님의 이름을 구하게 하시옵소서. 이로인해 모든 영광을 하나님께 돌릴 수있게 하시옵소서

예수님의 이름으로 기도드립니다. 아멘.

14 | 가정-자녀를 위하여

01 _여호와를 찾는 가정

하나님 아버지,

하늘의 문을 여시고, 때마다 일마다 손을 펴 주신 여호와의 은혜에 감사드립니다. 저희들이 구하기 전에 있어야 할 것들을 미리 챙겨주신 은혜를 영원히 잊지 않게 하시옵소서. 이 집안에 있는 이들에게 성령님의 충만하심을 누리게 하시고, 성령님께서 감동해 주시는 대로 순종하여 하나님께 영광을 돌리게 하시옵소서.

저희 가정과 자녀들을 향하신 은혜가 크셨음에도 그 은혜를 잊고 살았던 순간들이 너무 많았음을 고백합니다. 언제나 성령님께서 돕는 자가 되시어, 저희의 삶을 뒷받침해 주신 은혜를 잊은 죄를 용서해 주시옵소서. 가정에 구주가 되신 예수님으로 즐거워하게 하시옵소서.

어른들은 일터에서, 애들은 공부를 하는 학교에서 성령님을 환영해 드리고, 그 은혜에 따라 하나님의 영광을 구하게 하시옵소서. 저희 가정에 여호와의 인도하심을 의지하고, 하나님의 뜻을 구하는 믿음의 역사가 있게 하여 주시옵소서.

육체의 욕정과 욕망에서 헤어나게 하시고, 믿음의 선배들이 앞서 걸어간 온전한 길로 나아가도록 노력하게 하시옵소서. 하늘로부터 오는 하나님의 도우심에 소망을 두는 가족 공동체가 되게 하시옵소서.

예수님의 이름으로 기도드립니다. 아멘.

02 _신령한 복을 누리는 가정

하나님 아버지,

온갖 죄악의 유혹이 들끓는 세상에서 저희 가정을 거룩하게 해 주셨음에 감사드립니다. 부모는 부모대로, 자녀들은 자녀들대로의 삶의 환경에서 죄를 거절하며, 진리로 이기게 하셨음에 감사드립니다. 사랑하는 식구들, 하늘의 하나님을 찬양하는 가족이 되기를 원합니다.

이 시간에, 저희들이 신령한 복을 구하는데 부족하였음을 고백합니다. 이 땅에 있는 것들을 구하는 만큼 하나님의 은혜를 소망하는데 민감하지 못하였으니 용서해 주시옵소서.

보다 더 즐겁고, 보다 더 좋은 세상의 것들을 추구하는 데만 몰두했던 죄를 깨닫게 하시니 감사드립니다. 하늘에 속한 것들을 더욱 구하는 은혜를 주시옵소서.

성령님의 강귀하심으로 죄를 물리치는 경건함에 이르기를 원합니다. 저희들이 당장 세상의 모든 죄악 된 행실들을 버릴 수는 없으나 성령님을 의지해서 죄를 거절하게 하시옵소서. 매일, 매일의 생활에서 우리 가족을 거룩하게 하시옵소서.

저희 가정에서 매일 하루의 삶을 시작하면서 경건함에 이르기를 소원하는 마음을 식구들 각자가 경험하게 하시옵소서.

예수님의 이름으로 기도드립니다. 아멘.

03 _재물이 풍족한 가정

하나님 아버지,

저희 가정에 여호와의 풍성하게 하심을 누리는 복을 주셨음에 감사드립니다. 하나님께서 주리라고 약속하셨던 그대로 이루어지는 것을 보기 원합니다.

성경을 읽을 때, 저희들의 심령을 뜨겁게 하셨던 하나님의 약속을 기다리게 하시옵소서. 하나님의 구원하심을 저희 자녀들의 삶에 번성케 하시는 은혜로 나타내 주시옵소서. 하나님의 은혜를 잊고, 감사하지 않은 죄악을 회개합니다.

여호와께서 주신 재물로 저희들의 삶이 부요했음에 감사하지 못한 죄를 용서해 주시옵소서. 이제까지도, 저희들을 향하신 약속이 성취되었으나 그 은혜를 기리지 못하였습니다. 자녀들에게 복이 되고, 저희들이 이만큼 번영을 이루었음에 감사하지 않은 죄를 용서하시옵소서.

오늘, 저희 가정이 하나님 앞에서 충성스러운 청지기의 사명을 감당하게 하시옵소서. 저희들에게 주신 모든 것으로 하나님의 영광을 구하게 하시옵소서.

여호와의 은혜로 궁핍하지도 않게 하셨음을 기억합니다. 그 은혜가 오늘도 계속되어 거두어들이는 것이 풍성해지게 하시옵소서. 바라기는 재물을 통해서 여호께 영광이 되는 저희 가정이기를 빕니다.

예수님의 이름으로 기도드립니다. 아멘.

04 _임마누엘의 복이 있는 가정

하나님 아버지,

저희 식구들에게 하늘의 충만으로 충만케 하심을 보게 하셨음에 감사드립니다. 저희들에게 깨달음을 주시고, 그 깨달음으로 하는 일마다 여호와의 충만하게 하시는 역사가 나타나는 것을 보게 하시옵소서. 또한 하나님께 성소로 드려지는 가정으로 삼아주시옵소서.

이로써 저희 자녀들에게는 가족교회를 경험하게 하시옵소서. 성령님의 권고로 충만하게 하시는 하나님에 대한 믿음이 굳어지고, 그들의 삶에도 충만함을 보는 기쁨을 주시옵소서. 성령님으로 도와주시는 은혜가 저희 가족들의 삶에서 풍성하게 나타나기를 빕니다.

사랑하는 가족이 오늘도, 자기의 자리에서 열심히 살려 할 때, 성령님의 도우심을 구합니다. 일터에서 일을 하는 사람, 학교에서 공부를 하는 자녀들에게 도우시는 성령님의 역사가 충만히 나타나서 합력하여 선을 이루어 주심을 보게 하시옵소서.

이제, 저희 식구들이 하나님을 사랑하는 자들에게 임하는 충만을 통해서 여호와의 영광을 구하게 하시옵소서. 충만으로 말미암는 기쁨을 복음의 증거와 착한 행실의 열매를 맺는 삶으로 이어가게 하시옵소서.

저희의 원대로 성령님의 크신 역사가 있게 하시고, 온 가족이 믿음으로 지내게 하셨음에 감사를 드립니다.

예수님의 이름으로 기도드립니다. 아멘.

05 _번성의 복을 누리는 가정

하나님 아버지,

아담에게 주신, 그의 손으로 수고한대로 먹게 하셨던 은혜를 저희 가정에서도 받게 하시니 감사드립니다. 여호와께 복된 삶을 살면서 땀을 흘리게 하셨음에 감사드립니다.

비록, 물질적으로는 풍요롭지 못하나, 하늘에 소망을 둔 은혜는 늘 풍성하였음에 감사드리게 하시옵소서. 저희에게는 일할 수 있는 일터를 주셨음을 기억합니다.

가족을 사랑하는 중에, 땀을 흘리면서 수고하고 그 열매로 살게 하시니 정말로 즐겁습니다. 자녀들에게는 공부하면서 땀을 흘리게 하시고, 그들이 노력을 한 대로 좋은 성적을 거두게 하셨음을 기뻐합니다.

우리 집에 거하는 모두를 교회로 세워지는 거룩함에로 들어가게 하시옵소서. 하나님께서 복을 주셨음에 신령한 복에 감사하는 저희들이 되게 하옵소서. 하나님께서 거룩하게 여기신 저희들 모두에게 수고의 은혜를 주시옵소서.

저희 가정을 복스럽게 하시려고, 먼저 저희들을 복의 사람으로 삼아 주셨음을 묵상합니다. 하늘의 은총으로 식구들 모두 강건하게 된 것을 즐거워합니다. 저희 가족이 하나님 앞에서 영적으로나 육적으로 강건하게 지내도록 해 주시기를 빕니다.

예수님의 이름으로 기도드립니다. 아멘.

06 _하나님을 선택하는 자녀

하나님 아버지,

저희 가정에 자녀들을 주신 하나님을 찬양합니다. 하나님께서 키우시려고, 그들의 양육을 저희들에게 맡기셨으니 오직 사랑과 기도로 양육에의 사명을 감당하게 하시옵소서. 그들이 저희를 부모로 만나게 하셨으니, 여호와의 자녀로 성장하도록 돕는 일에 최선을 다하게 하시옵소서. 하나님의 사람으로 자라게 해 주심을 빕니다.

그들을 주 안에서 사랑하게 하시고, 말씀과 기도로 양육하게 하시옵소서. 여호와 앞에서 거룩한 유모의 심정을 갖고 그들의 성장을 위해서 헌신하는 부모가 되게 하시옵소서. 자녀들이 하나님의 뜻을 구하고, 여호와를 선택하는 생애의 삶을 살게 하시옵소서.

이로써 그들이 하나님을 찾는 종교인이 아니라, 하나님의 자녀로 살아가게 하시옵소서. 하늘나라의 시민권을 가진 자들로서, 이 땅에서 삶을 대하게 하시옵소서. 하나님의 나라가 이 땅에서 이루어지도록 하는 데 조금의 모자람도 없는 자녀들이 되게 해 주시기를 빕니다.

저희 자녀들에게 하나님을 섬기는 삶이 인생 최고의 기쁨인 것을 깨닫게 해 주시옵소서. 그들이 부모의 하나님을 자신의 하나님으로 선택하게 하시옵소서. 부모가 기도하기를 즐거워했던 것처럼 여호와의 이름을 부르고, 그 품을 사모할 때, 기뻐하게 하시옵소서.

예수님의 이름으로 기도드립니다. 아멘.

07 _하나님의 영광을 구하는 자녀

하나님 아버지,

저희 가정에 자녀들을 허락하시고, 그들과 함께 하나님의 성전이 된 생활을 하게 하시니 감사드립니다. 여호와 앞에서 자녀들을 키우면서, 그들을 통하여 하나님을 더 배우게 하시고, 그들과 더불어 지내면서 부모로서의 저희들 자신과 저희 가정이 세워져 가고 있음을 깨닫습니다.

이 시간에, 저희 가정에 복을 주시는 하나님의 은혜를 소홀히 여긴 죄를 고백합니다. 자녀들의 양육을 통해서 베풀어 주시는 은혜를 깨닫는데 소홀했음도 고백합니다.

자녀들을 키우면서 하나님의 영광을 구하는 가정을 만들지 못한 죄를 용서해 주시옵소서. 애들을 키우는 것보다는 그들로 말미암아 하나님을 더 깊게 배우게 하심에 찬양과 영광을 드립니다.

이제, 아이들을 대하면서 간절히 구할 것은 그들이 여호와의 영광을 구하는데서 자신의 생의 목표를 세우기를 원합니다. 하나님의 영광 앞에서 자신의 삶에 대하여 해석하는 은혜를 주시옵소서.

하나님의 영광을 찾음에서 인생의 목표를 해석하게 하시고, 왜 사느냐에 대한 물음의 답을 발견하게 하시옵소서. 그리고 그 답을 발견하여 매일, 매일의 삶을 하나님의 영광을 구하며 살아가는 자녀가 될수 있도록 은혜를 베풀어 주시옵소서.

예수님의 이름으로 기도드립니다. 아멘.

08 _믿음으로 세워지는 자녀

하나님 아버지,

자녀들이 지내는 동안에, 여호와께 성전이 된 가정에서 하나님을 사랑하게 하시옵소서. 공부하느라 바쁘고, 거의 하루 종일의 시간을 밖에서 보내지만, 집에 들어설 때, 하나님의 성전이 된 가정을 경험하게 하시옵소서. 집에서 느끼게 되는 쉼에 앞서서 하나님 아버지의 품에 안기는 즐거움을 경험하게 해 주시기를 빕니다.

가정을 교회로 삼아야 되는 저희들, 각각 무엇을 하면서 지내야 할까요? 오늘도 저희 자녀들에게 하나님의 나라에 대한 소망을 주시옵소서. 오직 기도와 말씀 안에서 하나님의 사람으로 자라가는 것에 주목하게 하시옵소서.

하나님의 성전에서 생활을 하는 마음으로 충만하여 마음에서부터 거룩함으로 자신을 세워나가게 하시옵소서. 여호와께 제물이 되어 올려드리는 자신을 생각하게 하시옵소서. 이에, 그들의 삶이 순간, 순간의 거룩함으로 이어지게 하시옵소서.

하나님을 경배하는 마음으로 하루를 시작하게 하시고, 자신들이 누리게 되는 모든 즐거움으로 말미암아 감사의 찬송을 드리게 하시옵소서. 혹시, 어려우며 곤란한 순간을 만나게 되더라도 기도의 무릎을 꿇게 하시옵소서.

예수님의 이름으로 기도드립니다. 아멘.

09 _자신을 올려 드리는 자녀

하나님 아버지,

저희 자녀들이 자기 자신을 하나님께 바치는 마음으로 충만하게 하시옵소서. 자신의 생각의 일부나 마음의 일부, 또는 행동의 일부를 여호와께 드리지 않고 전부를 드리려는 소원을 품게 하시옵소서.

하나님께서 전심으로 저희 자녀들을 위하시듯이, 그들도 자기를 사랑하시는 여호와께 자신의 전부를 드리는 은혜를 맛보게 하시옵소서. 혹시라도, 저희 자녀들이 하나님께 드림에 있어서 소홀했다거나 억지로 행하였다면 용서해 주시옵소서.

사탄이 훼방하여 그들이 하나님께 전심을 드리지 못하게 하였다면, 이 시간에 물리쳐 주시옵소서. 거룩한 백성으로 자라나야 될 자녀들을 생각합니다. 자녀들이 하나님께 온전히 드리고 싶은 사랑을 대적하는 사탄을 물리쳐 주시옵소서. 오직 마음을 다하여 하나님을 사랑하는 자녀들로 인도해 주시옵소서.

오늘, 여호와께 자녀들의 하루가 어느 부분만 하나님께 드릴만하고, 어느 부분은 자신들에게 즐거움이 되지 않게 해 주심을 빕니다. 그들 자신이 여호와께서 받으실 제물이 되게 하시옵소서. 하루의 삶을 그대로 하나님께 바칠 만한 모습이 되게 하시며, 자신의 전부를 드릴수 있는 마음을 품게 하시옵소서.

예수님의 이름으로 기도드립니다. 아멘.

10 _여호와께 순전한 자녀

하나님 아버지,

오늘, 저희 자녀들이 정직한 영에 충만하게 해 주심을 빕니다. 여호와께 예민하여 자기를 지키게 하시옵소서. 자기를 가리켜 하나님의 백성이라 자부하는 만큼 그 이름에 부족함이 없게 하시옵소서.

여호와께서 자녀들에게 매일의 하나님, 매순간의 하나님이시듯이, 그들도 매순간 하나님의 사람으로 지냄에 부족하지 않게 하시옵소서. 저희 자녀들이 하나님께 대하여 순전하지 못한 것을 깨닫게 해 주시옵소서.

혹시라도 사람은 속일 수 있어도 하나님을 속이지 못한다는 것을 알게 하시옵소서. 그들이, 자기들의 마음을 하나님께 드린다 할 때, 순전함으로 바치게 하시옵소서.

하나님을 사랑하고, 세상도 사랑할 수 있다는 어리석은 생각을 갖지 않게 하시옵소서. 저희 자녀들에게 성령님으로 충만하게 하시옵소서. 순전함의 영으로 그들의 생각을 다스려 주시옵소서. 세상의 더러운 것들에 자신의 마음을 내어주지 않게 하시옵소서.

혹시, 피곤함이나 부주의 때문에 자신을 거룩하게 하는 것에 소홀히 하지 않게 하시옵소서. 잠깐 귀찮더라도 여호와 앞에서 경건하기를 게을리 하지 않음으로써 거룩한 삶의 습관을 지니게 하시옵소서.

예수님의 이름으로 기도드립니다. 아멘.

11 _자기를 지키는 자녀

하나님 아버지,

저희 자녀들에게 자신을 지키는 은혜에 들어가게 하시는 하나님을 찬양합니다. 그들이 여호와께 친 백성으로 살아가는 거룩한 습관을 주셨음에 감사드립니다.

자신을 세속에 물들지 않게 하는 것이 때때로 귀찮고, 외롭게도 하는 것이지만 인내로 잘 견디게 하셨음에 감사합니다. 하나님께서 저희 자녀들을 사랑하시는 증거라 믿습니다.

잠시라도 자신을 악에게 내어준 경우가 있었다면 기억하여 회개하게 하시옵소서. 혹시 부모가 모르는 사이에, 하나님께로부터 멀어지는 행위를 한 것이 있다면 회개하게 하시옵소서. 저희 자녀들이 스스로 돌이켜 하나님께 죄가 되었던 것들을 찾아내게 하시옵소서. 회개의 영으로 그들의 심령을 새롭게 하시옵소서.

오늘, 이제까지 저희 자녀들을 지켜주셨던 은혜가 갑절로 더하기를 소원합니다. 자기 자신을 의의 병기로 하나님께 드림을 즐거워하게 하시고, 거룩함을 추구하는 것에 더욱 민첩하게 하시옵소서.

저희 자녀의 거룩함에 이르는 삶을 쓰러뜨리려는 사탄의 유혹을 빨리 알아내는 지혜를 갖게 하시옵소서. 사탄에게 자신을 내어주지 않도록 스스로 거룩함을 좇게 하시옵소서.

예수님의 이름으로 기도드립니다. 아멘.

3_ 이 모든 것을

15. 교회 공동체를 위하여
16. 교우의 가족행사를 위하여
17. 낙심된 교우를 위하여
18. 환난중의 교우를 위하여
19. 가난해진 교우를 위하여
20. 병상의 위급한 교우를 위하여
21. 소천-장례예식을 위하여

15 | 교회 공동체를 위하여

01 _ 교회를 사랑하는 기도

하나님 아버지,

주님의 피로 세워진 ○○ 교회를 사랑하게 하시옵소서. 저의 삶의 자리에 ○○ 교회가 중심이 되기를 빕니다. 하나님을 믿는 믿음과 하나님의 영광을 구하는 기도를 우리 교회를 사랑함에서 표현되게 하시옵소서. 주님의 몸을 대하는 심정으로 ○○ 교회를 사랑하게 하시옵소서.

우리 교회가 그리스도의 몸이라는 사실을 지식으로만 여기지 않게 하시옵소서. 주님의 몸이기 때문에, 주님을 위해서 제가 해야될 일에 최선을 다하여 섬기게 하시옵소서. 솔로몬이 성전을 건축하면서 하나님의 영광을 구했던 심정을 본받게 하시옵소서.

교회를 사랑하는 마음이 충만해지게 하시옵소서. 저의 기도하는 시간이 교회를 위한 간구로 채워지게 하시옵소서. 제가 사용하는 재물도 교회를 위해서 쓰여 지는 것들로 많아지게 하시옵소서. 늘 교회를 사모하는 마음을 갖게 하시며, 지체를 섬기게 하시옵소서.

주님의 교회를 위해서 제가 드려야 할 것을 다 드리지 못한 죄를 회개합니다. 교회보다도 저 자신을 소중히 여겨서 주님의 영광보다, 저의 영광을 구했던 죄를 용서해 주시옵소서. 지금, 성령님의 은혜로 거룩함에 도전하게 하시옵소서.

예수님의 이름으로 기도드립니다. 아멘.

02 _담임 목사를 위한 기도

하나님 아버지,

주님의 백성들을 위하여 목사님이 계시도록 하심을 감사드립니다. 저를 위하여 기도해 주시는 목사님을 모신 것을 기쁘게 생각합니다. 목사님의 헌신으로 교회는 부흥하고, 온 성도들이 주 안에서 승리하는 생활을 하게 하시니 그 높으신 은혜를 찬양을 드립니다. 목사님의 희생과 성도들의 사랑이 교회를 더욱 영광스럽게 하시옵소서.

이 시간에, 목사님을 위하여 간구하는 데 부족했던 죄를 고백합니다. 그분을 위해서 늘 기도하는 마음을 잊지 않고 있으나 진정으로 기도하기에 소홀하였던 죄를 용서해 주시옵소서. 목사님을 위해서 기도하기를 쉬는 죄를 저지르지 않게 하시옵소서.

목사님을 생각할 때마다 그분을 존경하는 마음을 갖게 하시옵소서. 여호와께 존귀한 목사님이 되셔서 사역에 충성을 다하시기를 빕니다. 목사님께 하나님으로부터 주어지는 지혜와 명철을 허락해 주시고, 이 교회를 돌보실 때, 신령한 능력으로 감당하시도록 이끌어 주시옵소서.

오늘도 지난 시간들과 같이, 목사님이 하나님 앞에서 성령님께 충만한 종으로 계시기를 간구합니다. 복음을 위해서 목숨을 바치시기로 작정하신 목사님에게 늘 은혜로 함께 하시옵소서.

예수님의 이름으로 기도드립니다. 아멘.

03 _당회를 위한 기도

하나님 아버지,

이 지역에 ○○ 교회를 세워주시고, 이제까지 복음의 사역에 헌신하게 하셨음에 감사드립니다. 주님의 교회로 말미암아 복음을 듣고, 하나님의 자녀가 되어 하늘의 복을 누리게 하셨음을 기억합니다.

주님의 이름으로 당회원을 축복합니다. 많은 이들이 이 교회로 부름을 받았으나, 그중에 여호와께 충성 되이 여기심을 받아 직분을 맡게 된 종들이 이 교회를 섬기게 되었음에 감사드립니다.

당회원들을 위하여 기도하기에 게을렀던 죄를 고백합니다. 그들의 치리 장로로서 교회를 위해서 수고를 다하시도록 기도하지 않은 죄를 용서해 주시옵소서. 기도로 사랑해 드리지 못한 죄를 깨달아 회개합니다. 하나님의 뜻을 구하고, 하나님의 일을 온전히 받들어 섬기는 당회가 되도록 기도하게 하시옵소서.

하나님의 ○○ 교회를 위하여 일을 맡은 당회를 축복합니다. 존경하고, 사랑하는 항존직의 헌신을 통해서 우리 교회가 교회의 사명을 다하게 하심을 즐거워합니다.

교회가 교회되도록 섬기는 일에 방향을 제시하고, 공동체를 인도하는 기관으로서 교회를 이끌어 가게 하시옵소서. 당회원들 각 사람이 여호와께 구별되어서 교회를 섬기게 하시옵소서.

예수님의 이름으로 기도드립니다. 아멘.

04 _제직회를 위한 기도

하나님 아버지,

여호와께로부터 위임을 받으신 담임 목사님의 사역을 위해 제직회를 만들어 주시니 감사드립니다. 목사님께서 오직 교회를 위하여 기도하시고, 말씀을 전하시는 일만 하시도록 여러 일꾼들을 뽑아 주셨으니 감사드립니다.

제직들을 위하여 중보하지 않은 죄를 고백합니다. 그들이 사명을 감당하도록 기도하지 못한 죄를 깨닫게 하시옵소서. 여호와께 좋은 제직들이 되시도록 기도로 협력하지 못한 죄를 용서해 주시옵소서. 저에게 언제나 그들을 위하여 간구하는 즐거움을 주시옵소서.

제직들이 기쁨으로 교회를 섬기기 원합니다. 저희들은 늘 그분들이 하나님께 충성을 다하는 일꾼들이 되도록 기도하게 하시옵소서. 그들이 어떤 명예를 위한 제직이 되지 않도록 도와주시옵소서.

주님의 일에 봉사자로 부름을 받았으니 열심을 다하게 하시옵소서. 그들이 수고한 만큼 교회가 지역사회에서 빛과 소금으로의 사명을 이루게 하시옵소서. 하나님의 교회가 흥왕하게 될 것을 믿습니다.

제직들이 성령님의 섬기게 하심을 따라 교회와 성도들을 위하여 봉사하게 하시옵소서. 성령님이 이끄시는 대로 생각하게 하시고, 성령님이 인도하시는 입술로 말을 하게 하시옵소서.

예수님의 이름으로 기도드립니다. 아멘.

05 _(남·여)전도회를 위한 기도

하나님 아버지,

저희 교회를 사랑하셔서, 장년 성도들의 모임으로 (남·여)전도회를 만들어 주심을 감사드립니다. (남·여)전도 회원들의 기도로 교회가 부흥되고, 사람들로부터 칭찬받게 하신 은혜에 찬양을 드립니다.

이 시간에, 전도회 회원들이 믿음으로 자신들을 세우기 원합니다. 하나님의 교회를 위해서 일꾼으로 부름을 받았사오니, 저들에게 주님을 위한 열심의 소망을 주시옵소서. 그리하여 예루살렘 교회의 바나바를 닮게 하시옵소서.

"바나바는 착한 사람이요 성령과 믿음이 충만한 자라 이에 큰 무리가 주께 더하더라"는 말씀처럼, 전도회원 한 사람, 한 사람으로 말미암아 교회가 부흥되게 하심을 믿습니다.

그분들이 모여서 일을 하실 때, 사랑이 넘쳐나는 사귐을 나눌 수 있게 하시옵소서. 오직 하나님의 영광을 구하고, 교회를 아름답게 하는데 헌신하는 목표를 갖게 하시옵소서. 혹시 어떤 사람이라도 마음의 편협함이나 자만심을 갖지 않도록 도와주시옵소서.

(남·여)여전도회 회원들은 하나님의 나라를 위하여 믿음으로 봉사하는 지체들이 되게 하시고, 그들의 소망의 수고로 말미암아, 사랑이 가득한 ○○ 교회가 되게 해 주시기를 간구합니다.

예수님의 이름으로 기도드립니다. 아멘.

06 _구역의 리더를 위한 기도

하나님 아버지,

주님의 ○○ 교회를 위하여 구역회가 조직되게 하심을 감사드립니다. 성도들을 섬기도록 구역장들을 세우셨으니 헌신하는 이들이 되기 원합니다. 자기 양떼를 돌보시는 하나님의 마음으로 구역 식구들을 살피는 종들이 되게 하시옵소서. 그들이 하나님의 영광과 교회의 부흥을 위하여 기도드리는 일꾼들이 되게 하시옵소서.

구역장들이 사명을 감당하고, 여호와 앞에서 좋은 종들이 되도록 기도하는 시간을 갖지 못한 죄를 깨닫습니다. 그들이 늘 성령님께 충만하도록 기도로 협력하지 못하였으나 이제는 중보하게 하시옵소서. 저의 시간에서 그들을 위한 간구를 따로 구별하게 하시옵소서.

구역장들이 교회를 위해서, 하나님의 자녀들을 위해서 봉사할 때, 성령님의 역사가 동반되게 하시옵소서. 그분들의 헌신으로 교회는 그 만큼 부흥이 되는 은혜를 보게 하시옵소서.

오늘, 구역장들에게 하늘의 문이 열려서 지혜와 능력이 더해지게 하시옵소서. 그래서 그들이 사람의 지혜나 꾀로 맡은 직분을 섬기지 않고, 오직 하나님의 은혜로 충성하게 하시옵소서. 구역원들에게 즐거움을 주고, 하나님의 마음에 드는 일꾼들이 되게 하시옵소서. 아버지로부터 받은 사명을 잘 감당하게 하시옵소서.

예수님의 이름으로 기도드립니다. 아멘.

07 _청년회(대학부)를 위한 기도

하나님 아버지,

젊은이들이 주님의 이름으로 모이게 하시니 감사드립니다. 그들이 인생의 황금시기에 하나님을 섬기고, 새벽이슬 같은 아름다운 신앙을 고백하게 하심을 즐거워합니다. 일찍이, 청년들을 부르셔서 주님을 따르게 하셨으니, 자신의 일생을 헌신하도록 이끄시옵소서.

청년회(대학부)의 모임에서 굳건한 믿음으로 무장시킬 수 있는 은혜를 주셔서 한 사람, 한 사람이 진리로 허리띠를 두르고, 의의 흉배를 붙인 승리의 생활을 하게 하시옵소서. 청년회(대학부)의 회원들에게 믿음과 지혜를 더욱 주시기 원합니다.

그래서 그들이 하나님께 영광된 일이라면 자신이 있게 헌신하며 봉사하도록 이끌어 주시기를 원합니다. 간절한 마음으로 이들을 위해 기도드리오니, 하나님의 나라와 저희 교회에 꼭 필요한 기관이 되게 하는 능력과 용기를 주시옵소서.

또한 배우고 연구하는 학생신분의 그들에게 건강과 함께 지혜와 총명을 허락하옵소서. 청년들을 다스려 주시기 원합니다. 그들은 왕성한 젊음 때문에 혈기를 이기지 못할 때도 있습니다. 더욱이 통제하기 힘든 육체의 욕망으로 말미암아 고민하는 경우도 많을 것입니다. 청년들이 주님 앞에서 괴로워 할 때마다 하나님께서 힘이 되어 주시옵소서.

예수님의 이름으로 기도드립니다. 아멘.

08 _중, 고등부를 위한 기도

하나님 아버지,

저희 교회에 자라나는 세대들에 대한 양육을 기뻐하게 하셨음에 감사드립니다. 교회에 중, 고등부를 허락하셔서 저희들이 그리스도의 장성한 분량에까지 자라가도록 은혜를 주시옵소서. 어려서부터 주님을 알게 하셨으니, 주님을 향한 사랑을 간직하기를 원합니다.

저희들의 자녀를 돌보듯이 그들에게 마음을 주지 못했던 죄가 생각나게 하심을 감사드립니다. 그들에 대한 사랑과 관심으로 기도를 쉬지 않게 하시옵소서.

중, 고등부 사역을 위하여, 좋은 교사들을 세워 주셨으니 감사드립니다. 교사들에게 성령님의 충만하신 은혜를 내려 주시옵소서. 교사들과 학생들이 성령님의 하나가 되게 하심을 사모하게 하시옵소서.

여호와의 성전에 머무르고 있는 중, 고등부 학생들을 축복합니다. 하나님께서 함께 하시면, 하나님의 나라를 이루어 드리는 중, 고등부가 될 줄로 믿습니다. 하나님의 은혜가 임하여 중, 고등부에서 이루어야 하는 목적을 달성할 수 있도록 인도해 주시옵소서.

그들이 하나님의 교회에서 양육을 받는 동안에, 자신들의 삶을 주님의 거룩하심으로 채우게 하시옵소서. 또한 하나님의 나라와 이 땅에서 필요한 인물이 되려는 소망을 품게 하시옵소서.

예수님의 이름으로 기도드립니다. 아멘.

09 _어린이 주일학교를 위한 기도

하나님 아버지,

귀한 어린이들을 축복합니다. 이들이 성도들의 기도와 부모의 가르침, 주일학교의 교육을 통해서 천국의 백성으로 자라게 하시옵소서.

어린이들을 키울 수 있는 거룩한 은혜를 주셨으니, 사명을 다하는 ○○ 교회가 되게 하시옵소서. ○○의 동산에서 자라나는 어린 생명들을 위한 기도에 게을렀던 죄를 고백합니다.

저희들의 삶이 힘들고, 고단하여 저희들 자신과 저희들의 삶의 연장선에서 있는 것들만을 위해서 기도했던 습관을 용서해 주시옵소서. 돌이켜 보건대, 저희들의 기도는 언제나 이기적이었습니다. 교회에서 어린이들이 자라는 것을 원하시는 하나님 앞에서 그들을 위한 간구가 끊어지지 않게 하시옵소서.

교회를 통해서 돌보아 주시는 하나님을 믿으며 살아가도록 이끌어 주시옵소서. 교회 안에서 하나님을 배우게 하시며, 믿음의 사람으로 살아가겠노라는 도전을 받게 하시옵소서.

주님께서 어린 아이들을 받아주셨던 은혜가 오늘, 저희 교회의 유,초등부에 그대로 나타나기를 소망합니다. 주님을 닮아가면서 자라게 하시고, 죄를 짓지 않고 살아가게 이끌어 주시옵소서. 하나님의 은혜로 예수님을 잘 믿는 아이들이 되게 하시옵소서.

예수님의 이름으로 기도드립니다. 아멘.

10 _복음을 전하는 교회

하나님 아버지,

주님의 피로 사랑하는 교회를 세워주신 하나님께 찬양을 드립니다. 오늘도 죽어가는 사람들을 구원하시려고, 이 교회를 통하여 복음을 전파하게 하시니 감사드립니다. 저희 교회가 앞으로는 갑절로 복음을 전하여 보다 많은 이들이 구원받는 방주가 되게 하시옵소서.

○○ 교회 안에서 저희들의 주님의 지체가 되었음에 감사드립니다. 지체로서의 거룩한 사명을 감당하는 성도들이 되도록 인도해 주시옵소서. 저희들 각 사람에게 머리가 되신 주님의 다스리심 안에서 세상으로 나아가게 하시옵소서. 어떤 이들은 주님의 손이 되고, 어떤 주님의 발이 되며, 주님의 가슴이 되어 나아가게 하시옵소서.

○○ 교회가 예수님께서 다시 오시는 그날까지 하나님의 다스리심 속에 부흥되기를 소망합니다. 이 세상에서 마지막 남은 한 사람에게 복음이 전해질 때까지 저희 교회를 지켜 주시기를 기도드립니다. 이 지역에 사람들뿐만 아니라, 모든 사람들에게 생명의 말씀을 밝히 전하는 교회가 되기를 원합니다.

교회를 이루는 어른 성도들 뿐 아니라, 저희들에게도 오직 복음을 전하는 소망을 갖게 하시옵소서. 성도들의 활동들이 전도에 초점을 두게 하시고, 생명을 구하는 일을 우선적으로 펼치게 하시옵소서.

예수님의 이름으로 기도드립니다. 아멘.

11 _ 땅 끝까지 선교하는 교회

하나님 아버지,

생명의 복음을 땅 끝까지 전하는 일에 헌신하게 하신 여호와를 찬양합니다. 복음이 온 세상에 전해져서 하나님의 나라가 이루어지는 소원을 품게 하셨음에 감사드립니다. 선교사로 부름을 받아 파송된 이들을 위하여 돕는 사역을 감당하게 하시옵소서.

이미, 이 땅의 여러 나라로 보내어진 선교사들을 위하여 기도하는 은혜를 주시옵소서. 선교사들을 대할 때, 제가 가야 할 곳에 대신 가주었다는 심정을 갖게 하시옵소서. 그들에게 보내는 선교사의 마음을 갖게 해 주기를 원합니다. 기도와 재물로 동참하기 원합니다.

우리 ○○ 교회에서 파송된 선교사들의 선교현장에 겪어야 되는 어려움에 참여하게 하시옵소서. 또한 ○○ 교회에서 협력하는 선교사들의 사역에도 참여하게 하시옵소서. 선교사들의 쓸 것을 공급할 수 있도록 저의 환경을 도와주시기를 간구합니다.

선교사들이 전해오는 선교현장의 소식에 귀를 기울이게 하시옵소서. 그 소식에서 제가 담당해야 될 일을 찾게 하시옵소서. 저의 시간의 일부를 떼어내어 그들을 위한 기도에 사용하며, 재물의 일부를 떼어 그들의 필요를 채우도록 늘 준비하게 하시옵소서.

예수님의 이름으로 기도드립니다. 아멘.

16 | 교우의 가족행사를 위하여

01 _ 첫돌(백일) 잔치

하나님 아버지,

사랑하는 ○○가 첫돌을 맞이하는 이 날까지 이 가정에 베풀어주신 사랑에 감사하면서 그 이름을 찬양합니다. 하나님의 크신 이름이 성도님에게 은혜를 베풀어 주셨고, 이 가정을 복스럽게 하셨습니다.

우리에게 자녀들을 허락해 주신 은혜를 감사드립니다. ○○가 태어났을 때부터 여호와께 은혜를 받았은즉 앞으로 자라가면서 이 아이를 향하신 하나님의 은총을 입게 하시옵소서. 앞으로 하나님께서 사람을 부르실 때, 일꾼으로 부름을 받게 하시고, 주님의 나라와 이 나라를 위해서 소중하게 쓰임을 받는 인생이 되기를 소망합니다.

간절히 원하기는 이 가정에서 빈 그릇에 기름으로 채워졌던 은혜를 경험하게 하옵소서. 귀한 아기의 양육을 위해서 사용할 수 있도록 재물의 넉넉함을 누리게 하시옵소서. 여호와의 풍성하신 손길로 부요한 환경 속에서 아기를 키우는 부모가 되게 하시옵소서.

성도님께 ○○를 사랑하는 마음을 주시옵소서. 이제까지도 그를 사랑하여 기도로 돕고, 이 가정을 위해 간구해 온 것을 기뻐합니다. 앞으로 ○○가 자라가는 동안에 그에 대하여 너그러운 사랑을 품게 하시고, 아이의 장래를 위해서 더욱 기도하기를 소망합니다.

예수님의 이름으로 기도드립니다. 아멘.

02 _생일 잔치

하나님 아버지,

주 안에서 성도님께서 예수님을 알고, 구원에 이르게 하심에 감사드립니다. 하나님께서 아버지가 되어 주셔서, 그리스도인으로 살아가시기를 기뻐하게 하신 은혜에 찬양을 드립니다.

오늘, 성도님의 ○○회 생신을 맞이해서 온 가족이 즐거워합니다. 복된 시간이 되게 하시옵소서. 영광을 받으셔야 하실 하나님께 영광과 존귀를 드립니다. 오늘 생신을 맞아 하나님께서 주신 날을 기억하며 앞으로 살아갈 날들은 하나님께 영광돌리는 삶이 되기를 원합니다.

성도님께서 주님의 자녀답게 생각하여 그리스도의 장성한 분량에 이르는 성숙이 이루어지도록 인도하시며, 주님의 품 안에서 모자람이 없는 삶을 살아가도록 날마다 만족하게 하시옵소서.

성도님의 손과 발을 민첩하게 하사, 주님의 일을 위하여 쓰게 하시옵소서. 고난을 당하고 있는 자들과 외로운 자들에게 위로의 손길을 펴게 하시고, 타락한 자들을 붙들어 주며, 불쌍한 자들에게 주님의 사랑을, 주린 자들을 돌아보며 위로하게 하시옵소서.

이 가정의 식구들에게 주님의 크신 사랑으로 채워지기 원합니다. 성도님 부부에게는 자녀들을 돌아보실 때, 부모의 권위보다, 하나님의 사랑으로 자녀들을 훈계하시는 부모님이 되게 하여 주시옵소서.

예수님의 이름으로 기도드립니다. 아멘.

03 _회갑 잔치

하나님 아버지,

홀로 영광을 받으실 주님의 이름을 부릅니다. 인생의 생사화복이 주님의 손에 있음을 고백합니다. 오늘 ○○ 성도님께서는 회갑을 맞이하셨습니다. 이렇게 좋은 날이 어디에 또 있으리요. 성도님과 함께 기도로 도우면서 사랑 안에서 교제하던 성도들이 모여서 주님의 이름을 찬양합니다.

성도님이 주님 앞에서 아름다운 노년의 인생이 시작되기를 원합니다. 여종의 노년의 인생이 하나님만을 찬양하는 시간으로 채워지기를 원합니다. 권사님의 찬양이 기도가 되고, 간구가 되어 주님의 일이 이루어지게 하시옵소서. 그녀의 아름다움이 하나님과 이웃 사람들을 섬기는 봉사로 하나님께 영광이 돌려지기 원합니다.

성도님의 평생에 나타난 여호와의 은혜로 교회를 섬기는 종이 되게 하시옵소서. 저의 생애가 복이 되는 만큼 더욱 더 교회를 섬기는 종이 되게 하시옵소서.

성도님께 경건한 가정을 주셨음에 감사드립니다. 의롭게 살기를 소원하는 자녀들이 주님의 말씀에 순종하여 열매를 많이 맺게 하시옵소서. 저들이 예수님의 사랑을 실천하여 이웃 사람들을 돕는 착한 행실에 힘씀으로 하나님을 영화롭게 해드리게 하시옵소서.

예수님의 이름으로 기도드립니다. 아멘.

04 _고희 잔치

하나님 아버지,

주님의 백성들이 머리를 숙였으니 영광을 받아주옵소서. 성도님의 고희에 참여하여 즐거움을 나눕니다. 하나님께서 노년의 그를 사랑하셔서 자녀들이 교회의 제직이 되는 기쁨을 주셨고, 잔치를 열게 하심에 감사합니다.

성도님에게 건강과 재물, 장수의 복까지 주셨으니 오직 하나님께 영광을 드립니다. 그의 노년이 주님께 황금의 시간이 되어 생명의 면류관, 이기는 자에게 주어지는 승리의 면류관을 약속받는 생활이 되시기를 원합니다. 이제까지 손을 잡고 동행해 주셨던 그대로 주님과 함께 지내시는 은혜를 주시옵소서.

귀한 가정에 땅에서의 삶이 윤택하게 풀어지듯이 하늘에서도 풀리는 재물의 은혜를 내려 주시옵소서. 여호와의 부요하게 하심으로 재물을 통해서 하나님께 영광을 나타내는 가정이 되기를 원합니다. 재정적으로 봉사하도록 차고 넘침을 이루어 주시옵소서.

주님께서 귀히 쓰시는 종의 가정을 축복합니다. 그가 가족을 사랑하고, 부모에게 효도하기 위해서 영혼구원에 힘써 저희들 모두에게 보배로운 사람이 되었습니다. 이제, 바라기는 모든 식구들이 부모에게 더욱 더 효도하게 하시옵소서.

예수님의 이름으로 기도드립니다. 아멘.

05 _결혼의 준비

하나님 아버지,

우리 ○○ 교회에 결혼을 앞둔 젊은이들이 있음으로 감사드립니다. 어려서부터 여호와를 즐거워하고, 천국의 일꾼으로 자라게 하셨음에 감사드립니다. 이들을 여기에까지 인도해주신 여호와의 계획이 앞으로의 삶에도 이어지기를 축복합니다.

주님의 젊은이들에게 결혼을 생각하게 하시고, 자신이 사랑하고 섬겨야 할 배우자에 대하여 마음을 열게 하시옵소서. 그들이 하나님께서 예비해 주신 배우자를 만날 생각으로 기도하게 하시며, 거룩한 가정을 갖기를 소원하게 하시옵소서.

지금의 나이를 결혼의 적령기라고 생각하는 이들에게 사랑할 수 있는 배우자를 만나게 하시고, 하나님께서 계획하신 시간에 한 몸을 이루는 영광을 취하게 하시옵소서. 하나님께서 짝을 지어 주시는 순간까지 여호와를 묵상하고, 좋은 배우자가 되기 위해서 자신을 준비하는데 민첩하게 하시옵소서.

지금까지도 여호와께 존귀한 성도로 살아왔으니, 결혼에 대해서도 존귀함을 나타내게 하시옵소서. 사랑하는 젊은이들의 부모가 자녀의 결혼을 위해 간구할 때, 복을 내려 주시옵소서. 또한 자녀에게 합당한 배우자를 만나는 기쁨을 주시옵소서.

예수님의 이름으로 기도드립니다. 아멘.

06 _약혼

하나님 아버지,

우리 가정의 자손들에게 복을 주심에 찬양을 드립니다. 하나님의 은혜가 자녀들에게까지 이어지게 하셨습니다. 아브라함의 후손이 잘 되게 하셨던 것처럼, 오늘은 두 가정에 약혼예식을 허락하셨습니다.

약혼예식의 주인공인 ○○○ 자매와 ○○○ 형제의 경배를 받아주시옵소서. 이들 두 사람이 서로 만나서 주님의 사랑으로 결혼을 소원하게 하셨으니 감사하는 시간이기를 소망합니다.

이들을 세상에 보내셨던 것처럼, 이들의 생명이 복되게 하옵소서. 주님께서 사랑의 오른팔을 펴서 약속하신 복이 신랑과 신부에게 이루어지게 하시옵소서. 주님의 자녀들이 한 마음으로 주님을 기리고 찬송을 드리게 하시옵소서.

믿음의 아들과 딸이 나와 약혼을 하게 되었으니, 주님의 섭리에 찬양을 드립니다. 자녀에게 새 가정을 만들어주려는 부모들을 축복합니다. 부모의 기도가 가정을 이루는 반석이 되기를 소망합니다.

사람들의 사랑을 통해 역사의 줄기를 펼쳐 가시는 주님이십니다. 이들의 사랑이 시간의 흐름과 함께 더욱 깊어지는 강물이게 하시옵소서. 두 사람이 교제를 하는 동안에 상대방을 위해서 기꺼이 나를 내려 놓는 겸손을 배우는 지혜도 주시옵소서.

예수님의 이름으로 기도드립니다. 아멘.

07 _결혼

하나님 아버지,

참으로 좋은 시간입니다. ○○○ 자매와 ○○○ 형제가 한 몸이 되게 하신 하나님께 영광을 드립니다. 아무도 모르던 날에 두 사람의 만남을 예비하신 하나님의 이름을 찬양합니다. 두 사람이 서로에 대하여 신실하게 하셨고, 사랑하게 하셨습니다.

먼저 두 사람이 신랑과 신부로 하나님 앞에 서기까지 사랑을 다한 부모님을 축복합니다. 아들을 키워 늠름한 청년이 되도록 애를 쓴 신랑의 어머니와 딸을 곱게 키워서 꽃보다도 예쁘게 자라도록 수고를 한 신부의 부모님에게 기쁨의 시간이 되기 원합니다.

신부와 신랑이 하나님 앞에서 가정을 준비하오니, 새 날들을 열어 주시옵소서. 오늘의 이 행복과 기쁨 속에는 이들을 정말로 사랑하는 많은 이들의 땀과 기도가 스며있음을 늘 기억하며 살게 하시옵소서. 두 사람을 만나게 하신 하나님의 인도하심을 통해 서로를 신뢰하며, 그들의 생명이 다하기까지 사랑하며 살게 하시기를 소망합니다.

이제, 새 가정을 꾸미는 이들과 자녀들을 혼인시킨 부모들에게 성령님의 충만하심이 넘치기 원합니다. 두 사람이 세상에 태어나서 자라기까지 성령님께서 도우시고, 인도하셨습니다. 그 성령님께서 양가의 부모들을 축복하여 주시옵소서.

예수님의 이름으로 기도드립니다. 아멘.

08 _태의 문이 열린 임신

하나님 아버지,

자기 백성을 돌아보시는 자비로우심을 찬양합니다. 오늘, 하나님의 은혜를 묵상하면서 머리를 숙이게 하시옵소서. 성도님의 가정에서 자손을 보기를 구하였더니, 응답해주셨습니다. 하나님의 인자하심을 찬송하고, 즐거워합니다.

지극히 높으신 주의 이름을 찬송하오니 받아주시기 원합니다. 여호와 하나님의 자비하심이 성도님의 가정에 영원하시옵소서. 이 땅에 살면서 인생의 기쁨을 맛보되, 이렇게도 즐거울 수 있는지요? 이 가정을 사랑하셔서 태의 문이 열리는 즐거움을 누리게 하시고, 이 집안의 식구들에게는 자손을 보는 번성함의 은혜를 주셨습니다.

이제, 이 집 안에 기거하는 모든 이들에게 아기로 말미암은 복이 한량없이 나타나기를 원하고, 원합니다. 어미의 복중에 있는 아기를 축복합니다. 사랑하는 자매에게 주님께서 크신 복을 내리사 임신하게 하셨으니 거룩하게 하시옵소서.

귀한 딸에게 그동안 간구한대로 생명을 주시므로 여호와의 보시기에 존귀한 자가 되게 하심을 즐거워합니다. 성도님의 하나님이 여종의 힘이 되셨으니 참으로 기뻐합니다. 하나님 앞에서 조금도 부족함이 없는 어미가 되게 하시옵소서.

예수님의 이름으로 기도드립니다. 아멘.

09 _대학에 진학

하나님 아버지,

존귀한 성도님께 선물로 주신 ○○○가 하나님의 사랑으로 이만큼 자라게 된 것을 감사드립니다. 여호와의 자비하심으로 공부를 해왔고, 대학에 진학하게 하셨음에 감사드립니다.

하나님께서 자라게 하셨음을 인정하는 ○○○를 복 되게 하시옵소서. 그가 하나님께서 디자인하신 자기만의 삶에 도전할 때, 길을 열어 주시옵소서. 이제, 원하는 대학에 합격을 했다는 기쁨보다 여호와의 인도하심에 더욱 주목하게 하셨으니, 주님의 사람으로 세워 주시옵소서.

○○○가 진심으로 하나님 앞에서 성장하기를 소망합니다. 부모의 사랑과 학교에서의 공부와 사회활동에서 날마다 하나님을 의식하게 하시옵소서.

○○○가 성령님의 은혜로 충만한 대학생활의 삶이 되기를 소원합니다. 그동안 공부하는 것에 전심을 기울였듯이, 이제는 하나님께 좀 더 가까이 나아가는 시간을 갖게 하시옵소서. 오늘도 주님의 말씀을 묵상하는 시간을 갖기 원합니다.

말씀을 읽고 인격이 성화되어 가는 즐거움을 주시옵소서. 이 은혜 안에서 대학생활에 대한 준비를 하게 하시고, 자신의 인생의 방향을 결정하게 하시옵소서.

예수님의 이름으로 기도드립니다. 아멘.

10 _자녀의 군 입대

하나님 아버지,

여호와께 존귀한 성도님의 가정에 사랑스러운 자녀들이 있게 하셨음을 즐거워합니다. 하나님의 은혜 안에서 성장한 ○○○가 군대에 입대하게 되어 감사드립니다. 국가가 그에게 국방의 의무를 맡길 만큼 건강한 젊은이로 자라게 하셨음에 감사를 드립니다.

사랑하는 ○○○가 부모의 품에서 풍성한 사랑을 받게 하신 하나님께서 군대에 보내심을 믿습니다. 군인으로 봉사할 기회를 주셨음에 감사하면서, 두려움도 느끼니 평안의 은혜를 내려 주시옵소서.

여호와 앞에서 늠름한 청년이 되어, 이 민족을 사랑하고, 국가에 봉사하는 기회를 주셨음에 잘 감당하게 하시옵소서. 군대에 입대하는 첫날부터 하나님의 불꽃같으신 눈으로 지켜주심을 소망합니다.

훈련을 받는 동안에 ○○○의 육체를 단련시켜 주시고, 그의 인격도 천국의 일꾼으로 구비되게 하시옵소서. 이 기회로 말미암아 자기 자신에 대한 훈련도 경험하게 하시옵소서.

군대에서 생활하는 동안에, 하나님께 주목하는 은혜의 삶을 살게 하시옵소서. 지금까지 살아오면서 한 번도 경험해보지 못했던 군대라는 곳에서 하나님의 보호하심을 체험하게 하시옵소서. 군대에서의 시간을 그의 인생을 위한 하나님의 훈련장이라 여기게 하시옵소서.

예수님의 이름으로 기도드립니다. 아멘.

11 _개업

하나님 아버지,

사랑하는 성도님에게 복의 분깃으로 개업하도록 하셨음에 영광을 드립니다. 사랑하는 종이 이제까지도 자신에게 맡겨진 일에 성실하셨던 그 근면으로 이 사업체를 운영하도록 하시옵소서. 저에게 근면함과 바르게 살려는 마음을 주시기 원합니다.

이른 비와 늦은 비가 적당히 내리는 은혜를 경험하게 하시옵소서. 그래서 곡식과 포도주와 기름을 많이 얻음이 있는 것처럼 이 사업체로 말미암아 먹고 배부름이 있기를 축복합니다. 젖과 꿀이 흐르는 사업체가 되어 풍족한 삶으로 주님께 영광을 드리게 하시옵소서.

주님의 깃발을 높이 들고 사업을 시작하시는 성도님의 손과 발을 축복합니다. 이스라엘 백성들에게 약속의 땅을 주셨듯이 주리라 말씀하신 것을 다 받아 누리도록 인도해 주시기를 소망합니다.

우리 하나님이 돕는 자가 되셔서 주님이 도움이 되셨다는 감사의 고백을 하게 하시옵소서. 성도님에게 새 일터를 주셨으니, 이 기업의 운영을 통해 더욱 교회에 봉사하는 종이 되게 하시옵소서.

오늘, 개업을 하는 사업장이 주님의 귀한 업체가 되게 하시옵소서. 저의 손길로 하나님의 교회는 더욱 부흥되기를 소망합니다. 귀한 종이 교회와 사업장에서 균형적으로 봉사하도록 인도해 주시옵소서.

예수님의 이름으로 기도드립니다. 아멘.

17 | 낙심된 교우를 위하여

01 _주일 성수에 게으른 자

하나님 아버지,

성도님을 의롭다 하셨으니, 하나님을 영화롭게 해드리려는 소원이 그의 마음에 차오르게 하시옵소서. 구원의 은혜에 감사할 때, 마음이 은혜로서 굳어지고, 세상의 것들에는 마음을 두지 않게 하옵소서.

성도님에게 성령님의 충만하심이 있기를 소망합니다. 그가 생각과 마음으로 하나님을 사랑하는 그대로 여호와 하나님과 동행하게 하시고, 생명의 길에서 풍성한 삶을 살게 하시옵소서. 주일을 기다림이 사모되게 하시고, 예배를 귀하게 여기기를 원합니다.

저희들의 기도와 찬송이 하나님께 합당한 영광이 되게 하시기 원합니다. 성령님의 뜨거운 역사가 임해서 삶에 지치고 힘들었던 심령에 새로움이 있게 하시옵소서.

여호와 하나님께서 사랑하시는 자녀에게 베풀기 원하시는 물질의 복을 기다립니다. 성도님이 물질의 넉넉함으로 하나님 앞에서 재정으로 영광을 드리는 종이 되게 하시옵소서. 그 재정의 부요함으로 주님을 영화롭게 해드리게 하시옵소서.

주님의 백성을 삼아주신 거룩한 가정에 순종의 은혜로 풍성하게 하옵소서. 또한 그의 가정이 시온의 처소가 되게 하시옵소서.

예수님의 이름으로 기도드립니다. 아멘.

02 _교회생활에 회의를 보이는 자

하나님 아버지,

주님께서 자기의 몸을 드려 교회의 모퉁이 돌이 되셨음을 믿습니다. 주님께서 교회를 사랑하시고, 위하시는 마음을 저희들이 깨달아 교회를 위하여 섬기고, 봉사하게 하시옵소서. 교회를 내 몸처럼 사랑하여 헌신하도록 인도해 주시옵소서.

오늘, 사랑하는 성도님께서 여호와의 말씀으로 새롭게 변화를 받기를 소망합니다. 저가 열심을 품고 주를 섬김으로서 영혼이 잘 되고 범사가 잘 되며 강건하게 되는 복이 저의 것이 되게 하시옵소서.

상한 심령으로 드리는 예배를 통해서 하나님의 은혜로 영육 간에 회복의 기쁨을 누리기를 원합니다. 부족한 저희들은 하나님을 잊고 산 적이 많지만, 하나님은 우리를 한 번도 잊지 않으신 인자하신 분이셨음을 믿고 감사드립니다.

영혼이 잘 됨 같이 범사가 잘 되어질 것으로 믿습니다. 성도님의 가정에 재물이 모자람이 없도록 여호와의 채우심이 나타나게 하시옵소서. 하나님께로부터 사랑을 받는다는 증거로 부요와 재물이 이 가정에 있게 하시옵소서. 어려운 이들에게 나누어주고, 베푸는 손길을 통해서 주님의 일을 이루어드리게 하시옵소서.

예수님의 이름으로 기도드립니다. 아멘.

03 _스스로 낙심된 자

하나님 아버지,

만세 전부터 택함을 받은 이 가정으로 말미암아 영광을 드립니다. 성도님이 인생이라는 바다를 자신이 항해하는 것처럼 여기고 혼자서 몸부림쳤던 외로움을 받아 주옵소서. 하나님은 함께 하십니다!

이 집안의 식구들에게는 여호와를 제일 주의로 삼는 은총을 내려주옵소서. 하나님의 말씀과 성령님께 충만함으로 풍성한 삶을 살아가는 은총을 누리게 하옵소서.

이 가정을 거룩한 예배의 자리로 삼아주신 주 예수님의 이름을 즐거워하면서 예배하는 삶으로 인도해 주시옵소서. 믿음이 연약한 심령들에게는 강하고 담대한 믿음을 허락해 주시기 원합니다.

구원을 베푸시는 주님이시라고 믿습니다. 사랑하는 성도님께서 홀로 찬송을 부르실 때, 성령의 감동이 있기를 원합니다. 하나님의 말씀, 곧 성경을 펴서 읽을 때는 생명력 넘치는, 살아 있는 말씀으로 그의 심령을 감동케 하시옵소서.

여호와 앞에서 성도로서 온전하시기를 바라는 성도님에게 마음을 다스릴 수 있는 은혜를 주시옵소서. 저가 욕심에 민감하여 자신을 미혹하려는 것을 알아차리게 하시옵소서. 저를 구원에 이르게 하신 십자가 아래에 욕심을 내려놓는 은혜를 경험하게 하시옵소서.

예수님의 이름으로 기도드립니다. 아멘.

04 _기도하지 않는 자

하나님 아버지,

여호와께서 아브라함에 오셔서 그의 자손이 하늘의 뭇별처럼 많을 것이라고 약속하신 은혜를 성도님께 내려주시기 원합니다. 심방을 통해서 하나님의 찾아오심을 경험하시는 저에게 약속의 말씀이 주어지는 은혜를 내려 주시옵소서.

이 복스러운 예배에서 한 마음, 한 입으로 주님께 영광 드리기를 소망합니다. 그가 말씀을 사모하며 읽을 때, 하나님의 능력과 은혜가 드러나게 하시옵소서. 성령이 저희를 이끌어 '아멘'으로 말씀을 받도록 인도해 주시기를 빕니다.

믿음으로 생각하고, 행동하기 위해서 늘 기도를 가까이 두게 하옵소서. 저가 간구할 때마다 성령님의 감화로 가슴이 벅차게 하시고, 진리의 삶을 살도록 이끌어 주시옵소서.

하나님 앞에서 복 있는 가정, 복 있는 삶이 체험되게 하시옵소서. 하늘에 속한 자가 되어 살아감에, 목자이신 여호와로 인하여 이 땅에서 부족함이 없게 하시옵소서.

목이 마른 이에게 물을 주시고, 마른 땅에 시내가 흐르게 하겠다고 약속하신 말씀이 이루어지기를 원합니다. 부요하게 하시는 재정의 은혜를 통해 하나님의 교회를 섬기는 복을 누리게 하시옵소서.

예수님의 이름으로 기도드립니다. 아멘.

05 _믿음에 회의를 갖는 자

하나님 아버지,

성도님에게 성령님의 충만하심으로 이끌어 주심을 감사합니다. 저에게 하나님께 충성을 다하며 살기를 다짐하게 하옵소서. 성도님께서 이 세상에 누리게 될 자녀로서의 권세에 대하여 즐거워하게 하소서.

만세 전에 주님안에서 선택을 받으신 성도님이 하나님의 자녀가 되셨음에 감사드립니다. 여호와 하나님을 찾으며, 하루의 삶을 시작하도록 하시고, 주님 한 분으로 만족하게 하시옵소서. 주 예수님만이 길이요, 진리이며, 생명이 되심을 고백하도록 하시옵소서.

이 시간에도, 존귀한 지체를 하나님께 영광을 드리는 천국 백성으로 삼아주시옵소서. 주님의 백성에게 크신 복을 내려 주시어 향기로운 제사를 드리기 원합니다. 성령님께서 '너는 내 아들이다'라 말씀하시는 하나님의 음성을 듣게 하시옵소서.

오늘도 우리 하나님은 여호와 앞에서 존귀한 가정에 복을 주심을 믿습니다. 영혼이 잘 되게 하심처럼, 범사가 잘 되게 하심을 믿습니다. 날마다 우리의 짐을 지시는 여호와께서 매일매일 이 가정에 재정을 마련해 주시옵소서.

성도님을 믿음에서 믿음에 이르게 하시옵소서. 이로써 하나님의 공급하심을 누리면서 청지기의 열매를 맺게 하시옵소서.

예수님의 이름으로 기도드립니다. 아멘.

06 _연단을 이기지 못하는 자

하나님 아버지,

성도님의 능력이 약한 데서 온전해짐을 믿습니다. 지금 겪는 궁핍이나 어려움이 하나님 앞에서 합력하여 선을 이루는 과정이 됨을 믿습니다. 문제를 해결해 주시고, 눈물을 웃음으로 바꾸어 주옵소서. 성령님께서 그의 마음에 찾아 오심을 즐거워하게 하시옵소서.

지금, 그는 모든 것이 헤이헤진 상태이지만 성령님의 감화로 새롭게 될 줄로 믿습니다. 성도님뿐만 아니라 집안의 식구들에게도 소생케 하시는 하나님을 경험하게 하시옵소서.

그에게 성경을 읽게 하시고, 말씀을 대할 때, 하나님의 음성을 경험하게 하시옵소서. 그 말씀을 자신에게 주시는 약속으로 삼게 하시고, 그것이 능력이 되어 어떤 어려움도 이겨낼 수 있도록 하시옵소서.

저의 심령이 하나님의 말씀에 주의하고, 하나님의 말씀을 삶의 첫 자리에 우선권을 두겠다는 다짐을 하게 하시옵소서. 그 말씀만이 연단을 견디게 하시고, 인내하여 승리하게 해주심을 믿습니다.

그를 제자로 불러주셨으니, 제자의 삶을 살 수있도록 그에게 주님을 제일의 우선 순위로 모시는 은혜를 주시옵소서. 우리 하나님께서 그의 가정에 복을 주심을 믿습니다. 영혼이 잘 됨 같이 범사가 잘 되게 하심을 믿습니다.

예수님의 이름으로 기도드립니다. 아멘

07 _세상적인 것들에 마음을 두는 지체

하나님 아버지,

여호와께 존귀한 성도님과 그의 가정을 축복합니다. 날마다 하나님의 은혜를 사모하는 성도님에게 주님의 다시 오심을 기다리도록 권면해 주시는 하나님의 사랑에 감사드립니다.

주님께서 오시면 저희들이 믿음을 따라 살아온 그대로 상을 받을 것을 기대하면서 지내게 하시옵소서. ○○ 교회를 통해서 하나님의 영광을 구하고, 하나님의 말씀에 순종하여 달려갈 길을 다하기까지 힘을 쓰게 해 주시기를 빕니다.

이 시간에, 성도님과 함께 재림의 신앙을 갖도록 권면을 받기 위하여 머리를 숙였습니다. 자기 백성에게 만나를 주셨던 하나님의 공급이 오늘, 그에게 충만하게 하시옵소서.

날마다 하루 분량의 즐거움을 주시고, 일생의 꿈은 그 과정에 기쁨을 주셔서 떠나야 할 곳에서는 빨리 떠나게 하시고 머물러야 할 자리에는 아름답게 머물러 육신의 소욕을 따라 사는것이 아닌 성령의 소욕을 따라서 살 수있도록 은혜를 베풀어 주시옵소서.

성도님에게 종말에 대한 예민함을 갖게 하시고, 이슬과 같이 사라지고 말 세상에 대하여서는 너무 집착하지 않게 하시옵소서. 지금, 저희들이 누릴 수 있는 것으로 하나님께 영광을 구하게 하시옵소서.

예수님의 이름으로 기도드립니다. 아멘.

08 _욕심의 미혹을 받는 지체

하나님 아버지,

오늘도 예비하신 하늘의 복으로 성도님과 그의 가정을 둘러 주시옵소서. 우리 주님의 몸 된 교회를 사랑하고, 성도의 사명을 감당하도록 오늘도 은혜를 주시니 감사드립니다. 주님의 이름으로 심방하여 예배할 때, 성령님의 충만하심을 보게 하시옵소서.

혹시, 성령을 거역하며 마음대로 살아왔던 저희들을 불쌍히 여겨 주시옵소서. 하나님 앞에서 질서를 지키고 원칙과 기준이 확실하며 균형과 조화를 잃지 않도록 하시옵소서. 성공한 사람보다 소중한 사람이 되게 하시옵소서.

소망을 품게 하시는 주님이신 줄로 믿습니다. 그 소망은 바로 성도님의 것이라 믿습니다. 이 세상에 있는 모든 것들이 하나님께로부터 왔음에, 감사한 마음으로 사용하게 하시고, 하나님의 귀한 것들을 맡기셨으니 성실한 마음으로 사용하게 하시옵소서.

사랑하는 성도님께서는 세상의 것들에 마음을 두지 않게 하시옵소서. 그리하여 세상으로부터의 미혹이 차단되게 하시옵소서. 세상을 보면서 더 가지려는 욕심을 거절하게 하시옵소서.

오직 청지기일 뿐입니다. 사용하라고 맡겨 주셨으니 주인의 뜻을 헤아려서 물질을 사용하는 충성스러운 청지기로 지내게 하시옵소서.

예수님의 이름으로 기도드립니다. 아멘.

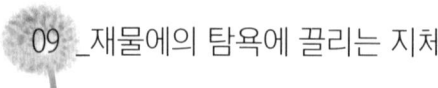

09 _재물에의 탐욕에 끌리는 지체

하나님 아버지,

영혼이 잘 됨 같이 범사가 잘 되고, 강건하기를 원하시는 하나님의 은혜가 성도님과 이 가정에 넘치기를 소망합니다. 이 시간에, 저희들이 누릴 수 있는 복이 하나님께로부터 말미암음을 깨닫게 하시니 감사드립니다.

사랑하는 성도님께서 여호와를 경외함에 더욱 힘쓰는 지체가 되기를 빕니다. 저희들이 가질 마음의 자세는 재물에 대한 탐욕이 아님을 잊지 않게 하시옵소서. 재물보다는 우리에게 영원히 복이 되시는 하나님을 사랑하는 마음으로 가슴을 채우게 하시옵소서.

날마다 말씀으로 살게 하시며, 말씀 속에서 주님의 세미한 음성을 들으시도록 인도해 주시옵소서. 그리고 그 말씀의 인도하심에 따라 우리가 삶으로 아멘하게 하시옵소서.

말씀에의 응답은 오직 순종하는 행실이라고 여깁니다. 삶으로 '아멘'하는 행동하는 신앙인이 다 되게 하시옵소서. 자신에 유혹해 오는 탐욕을 물리치게 하시옵소서.

이 시간에, 하나님을 사랑해 드려야 할 성도님의 가슴에 세상에서의 재물에 탐을 내는 유혹이 들어오지 않게 하시옵소서. 사탄이 재물의 유혹을 통해서 공격하지 않도록 지켜 주시옵소서.

예수님의 이름으로 기도드립니다. 아멘.

10 _거짓에의 유혹을 받음

하나님 아버지,

우리 주님의 이름으로 복된 가정에 찾아왔으니, 하늘의 문을 여시고, 큰 복을 내려 주시옵소서. 저희들이 예배할 때, 이 가정을 영광의 처소로 구별해 주시고, 영과 진리로 예배하게 하시옵소서.

주 안에서 저희들의 심방을 받으신 ○○○ (성도)님이 예배의 복에 참여하게 하시옵소서. 저희들은 잘 알지 못하지만 그가 눈물로 간구하는 소원이 이루어지게 하시며, 이 가정의 복된 삶을 훼방하는 사탄의 역사를 물리쳐 주시옵소서.

말씀으로 살아가게 하시고 깨달아 주님의 뜻대로, 주님의 자녀답게 사시도록 인도해 주시옵소서. 아울러 온유하고, 겸손하신 주님의 삶을 본받는 지체가 되게 하시옵소서. 스스로 거짓을 물리치려 하지 말고, 주님의 사람으로 지내게 하시옵소서.

하나님께서 주신 생명의 시간을 사는 동안에, 성도님이 여호와 앞에서 의롭다 인정받기를 빕니다. 잠깐 동안의 유익을 얻기 위해서 거짓과 술수의 미혹이 올 때, 거절하게 하시옵소서.

하나님의 영으로 충만하게 하사, 세상에 대하여 빛으로 살게 하시옵소서. 여호와께 대하여 착한 행실로 살게 하시옵소서. 그리하면 거짓이 쫓겨갈 것이라고 여깁니다.

예수님의 이름으로 기도드립니다. 아멘.

18 | 환난중의 교우를 위하여

01 _흠과 티도 없이

하나님 아버지,

사랑하는 성도님이 환난을 당했으나 물이 부어지듯이 내려 주시는 은혜로 여태 살아왔음에 감사드립니다. 몸이 연약할 때나 마음이 연약할 때, 큰 힘이 되어주셨던 하나님의 사랑을 기억합니다. 이 고난이 잠시에 지나지 않음을 확신합니다. 회복시켜 주시고, 갑절의 은혜를 주실 것을 기대합니다.

재난에 주저앉지 않게 해 주셨음을 묵상합니다. 하나님께 복을 받은 자로서 언제나 안전하다고 여겼던 죄악을 회개합니다. 신앙적인 허영에 빠져서 교만했던 죄를 회개하게 하시옵소서. 이 재난을 통해 저를 발견하게 하시고, 하나님께 주목하도록 하시옵소서.

역경의 시간이 성도님의 삶에 유익이 되게 하시옵소서. 흠과 티도 없이 하나님의 사람으로 온전해짐에 소망을 둘 때, 큰 위로가 됩니다. 그리스도의 장성한 분량에 이르는 은혜를 내려 주시옵소서.

손이 부르르 떨리는 두려움에서도 하나님을 찾게 하셨으니, 속히 건져 주시는 구원을 기다리게 하시옵소서. 마음을 짓누르는 괴로움에서도 낙심하지 않고, 의지할 여호와의 손을 주시옵소서. 기쁨의 날을 주시는 날을 기다리게 하시옵소서.

예수님의 이름으로 기도드립니다. 아멘.

02 _자기 백성을 위로하시는

하나님 아버지,

여호와의 은혜를 누리며 이제껏 살아온 것을 생각할 때, 감사를 드릴 뿐입니다. 육신의 눈으로 볼 때, 이보다 더 큰 아픔이 없겠지만 신령한 눈을 떠서 하나님의 인도하심을 바라보게 하시옵소서. 이 재난이 하나님께서 허용하신 사건이라면, 재앙이 아니라 축복으로 받아들이게 하시옵소서. 하나님의 시간으로 받게 하시옵소서.

그리하여 성도님께서는 재난으로 말미암은 손해만 따질 것이 아니라, 하나님의 은혜가 어떻게 임하는지를 기다리게 하시옵소서. 합력해서 선을 이루시는 여호와의 일하심에 기대를 품게 하시옵소서.

지금은 견디기가 무척 힘들지만, 이것이 저를 위한 하나님의 선물임에는 틀림이 없음을 깨닫게 하시옵소서. 이 재앙으로 저와 저의 가족이 겪어야 하는 어려움도 능히 성령 하나님의 도우심으로 견디게 하심을 믿습니다. 재앙을 주신 하나님께서 이기도록 위로해 주심을 믿습니다.

곤란한 중에도 성도님이 잘 견디게 하시옵소서. 눈물을 흘리는 동안에 오히려 영혼이 맑아지고, 마음에 깊은 평안이 찾아옴을 감사드립니다. 주의 이름을 부르며, 하나님의 회복케 하심을 기다리는 견딤의 시간이 유익이 되게 하시옵소서.

예수님의 이름으로 기도드립니다. 아멘.

03 _소망의 약속이 되시는

하나님 아버지,

성도님이 찰싹거리는 파도와도 같은 어려움들을 물리치고, 깊은 바다의 고요함을 누리게 하시는 은혜에 감사드립니다. 재물의 손실 때문에, 앞으로 지낼 것이 막막하지만, 하나님의 인도하심을 더욱 의지하게 하시옵소서.

감당하기 어려운 재난의 환난이 은혜의 시간이 되기를 빕니다. 저의 마음에 성령님의 충만하심이 임하여 하나님께 집중하게 하시옵소서. 성령님의 강권에 기도하도록 하시옵소서. 성도님의 의지로는 기도할 수 없음을 고백합니다.

감사하는 기도를 드리는 중에, 하나님의 영광을 보게 하시옵소서. 하나님께서 그에게 재앙의 아픔을 주셨으니, 이를 통해서 하나님의 뜻이 무엇인지를 구하게 하시옵소서. 성도님께서 믿음으로의 삶을 위하여 재앙을 겪도록 하심을 믿습니다. 그를 위한 하나님의 도구가 재앙이었음을 받아들이게 하시옵소서.

오늘, 모든 것을 잃은 슬픔에 두려워하지 않고, 천국을 바라보게 하시옵소서. 이 시간에도, 그에게 소망의 약속이 되시는 여호와로 인하여 구원하심을 보게 될 것을 믿습니다. 이 고난에서도 자유로움을 누려하나님의 영광이 되게 하시옵소서.

예수님의 이름으로 기도드립니다. 아멘.

04 _가난한 심령이 되어

하나님 아버지,

　아침에 새롭게 하시고, 언제나 승리하게 하셨던 은혜를 묵상하며 감사드립니다. 성도님은 지금, 갑자기 당한 슬픔으로 희망이 사라진 듯하지만, 하늘의 평안을 주시옵소서. 고요히 들려오는 하나님의 음성을 듣게 하시옵소서.

　성도님의 삶을 한 순간에 무너뜨릴 것 같은 재앙이지만, 이 재앙 뒤에서 기다리고 있는 하나님의 축복을 보게 하시옵소서. 여호와 앞에서 보다 가난한 심령이 되어, 천국을 볼 수 있는 눈을 열어 주시옵소서. 저를 찾아와 안아 주시는 하나님을 느끼게 하시옵소서.

　이제까지도, 저의 삶을 통하여 하나님의 영광을 보기 원하셨던 것처럼, 이 환난도 하나님께 영광이 되게 하시옵소서. 이 큰 재앙이 저에게 손해를 끼치고 끝날 것으로 보지 않습니다. 저의 영혼을 죽음으로 끌고 가는 것이 아님을 믿습니다. 만일, 하나님이 계시지 않는 환난은 시험일 뿐이니, 손을 내미시는 하나님을 보여 주시옵소서.

　여호와께서는 저를 살리시는 하나님이시지, 죽이시지 않으심을 믿습니다. 역경으로 인하여, 여호와 앞에서 더욱 성결해지게 하시옵소서. 저의 고통을 받으시고, 하나님을 영화롭게 해드리는 데 쓰여 지게 하시옵소서.

　예수님의 이름으로 기도드립니다. 아멘.

05 _그 은혜로 평강을

하나님 아버지,

오늘, 성도님께서는 하늘로부터 임하는 성령님의 충만하신 위로가 마음에 차서 소망으로 지내게 하시옵소서. 말로 형용할 수 없는 아픔이지만, 풍랑의 바다를 건너가게 하시옵소서.

어떤 힘으로 살 수 있을는지, 소망을 잃은 성도님께서 하늘을 보게 하셨음에 감사드립니다. 두려움과 근심이 너무 커서 숨조차 쉴 수 없으나 하나님의 은혜에 소망을 두게 하시옵소서.

사랑하는 성도님이 만일, 이 환난이 하나님의 뜻이라면, 감사로 받아들이게 하시옵소서. 이 고난으로 불평하지 않게 하시옵소서. 고난에 담겨있는 하나님의 은혜를 누리게 하시옵소서.

그에게 있는 모든 것을 받기 원하시는 하나님의 계획에 저의 고난도 포함되어 있는 줄로 믿습니다. 이 역경의 시간이 저를 보다 의롭고, 경건하게 하시려는 하나님의 계획이기를 빕니다. 이 고통의 시간을 견디어서 하나님의 영광을 구하는 것이 되게 하시옵소서.

환난의 고통이 세상에 대하여서는 하늘에서 이루어진 일이 땅에서도 이루어지는 시간이 되게 하시옵소서. 이 시간을 보내면서 믿음을 지키도록 두려움에서 벗어나게 하심을 믿습니다. 그 은혜로 평강을 누리게 될 것을 조용히 기다리게 하시옵소서.

예수님의 이름으로 기도드립니다. 아멘.

06 _겪어야만 하는 역경

하나님 아버지,

여호와의 은혜가 임하여 어둠, 슬픔의 무거운 짐을 사라지게 해 주셨음을 기억합니다. 자녀를 아끼시는 하나님의 사랑으로 능히 일어나게 하심을 믿어, 감사드립니다. 하나님이 저를 위해 주심을 믿습니다.

재난의 환란을 통해서 아직도 온전해지지 못한 저의 품성을 단련시켜 주심에 감사드립니다. 그 무엇으로도 저를 훈련할 수 없어, 재난을 사용하시는 하나님의 손을 보게 하시옵소서.

잃은 물질보다, 제게 향하시는 여호와의 만져주심을 보게 하시옵소서. 강철이 수많은 풀무질과 망치질로 강해지는 은혜를 깨닫게 하시옵소서. 성도님이 겪어야만 하는 역경이 하나님의 은혜가 되기를 빕니다.

지금, 눈에 보이는 잠시 있다가 사라질 것들에 마음을 빼앗겨 잠시라도 하나님의 나라를 잊고 지내지는 않았는지를 돌아보게 하시옵소서. 장차 임하게 될 하나님의 나라에서 누리는 영광과는 비교가 되지 않게 하시옵소서.

재앙의 두려움에서 건져주시는 여호와께 그 이름을 높여드리게 하시옵소서. 간구를 들으시고, 속히 건져 주시는 여호와를 찬양하게 하시옵소서. 모든 환난에서 구해 주시는 하나님을 영원히 사랑하게 하시옵소서.

예수님의 이름으로 기도드립니다. 아멘.

07 _오히려 넘치는 기쁨을

하나님 아버지,

저의 삶에서 때마다, 일마다, 순간순간을 함께 해 주셨던 하나님을 사랑합니다. 하나님의 도우심을 의지하는 것만이 저의 피난처가 됨을 믿습니다. 그 도우심에서 잃었던 평안을 도로 찾게 하시옵소서.

성도님께서 여호와 앞에서 온전하게 세워질 수 있게 하시옵소서. 하나님께서는 저를 죽이시려고 재앙을 만나게 하지 않으셨음을 믿습니다. 오히려 넘치는 기쁨을 보게 하시려고, 잠시의 재앙을 보게 하셨으니 감사드립니다.

세상에서 얻은 재물과 보화로 거룩해지지 않음을 알게 하시려고 재난을 보게 하셨다면, 순종을 받게 하시옵소서. 하나님 앞에서 거룩해짐이 세상의 재물로 말미암지 않음을 깨닫게 하셨음에 감사드립니다. 이 일로 말미암아 세상의 재물에 대한 저의 시각이 교정되기를 빕니다. 하늘에 속한 사람의 눈을 갖게 해 주시기를 빕니다.

이 일에 간섭하시는 은혜를 기다리게 하시며, 하나님의 말씀에서 평안을 구하게 하시옵소서. 하나님의 말씀으로 위로를 찾게 하시며, 그 말씀에서 지혜를 얻어 슬기롭게 극복하도록 하옵소서. 이제, 이 어려움을 슬기롭게 이겨내어 여호와 앞에서 지혜의 사람으로 세워지게 하시옵소서.

예수님의 이름으로 기도드립니다. 아멘.

08 _ 믿음과 삶이 다스려짐

하나님 아버지,

오직 주님을 바라보고, 그 도우심으로 지내온 지난날들을 묵상합니다. 밤이 깊고, 비바람이 몰아치는 것 같은 어려움일지라도 하나님의 위로가 있어, 당당히 이기게 하심을 믿습니다.

힘들고 어려운 지금이 바로 성도님이 주님만 바라보는 시간이게 하시옵소서. 기도하면서 더욱 하나님을 신뢰하는 은혜를 내려 주시옵소서. 인간의 눈으로는 부정적일 수밖에 없지만, 하나님의 함께 하심에 소망을 두고, 고난이 축복으로 바뀔 것을 믿게 하시옵소서.

이 재난이 주는 환난을 통해서 성도님께서 얻어 누리는 이 땅의 모든 것들보다 저 자신을 존귀하게 여기시는 하나님을 깨닫게 하시옵소서. 성도님께서 소유하고 있는 재물보다 저 자신이 더욱 중요하기에 이 역경으로 저를 지켜 주셨음을 깨닫게 해 주시기를 빕니다.

환난의 시간 동안에 성도님의 믿음과 삶이 다스려짐을 감사드립니다. 여호와 앞에서 정결해지고, 거룩함에의 소망을 갖게 하셨습니다. 고난의 유익을 누리게 하셨으니, 이제는 고난을 물리쳐 주실 여호와의 손길을 기다리게 하시옵소서.

하늘의 평강으로 인도해 주실 것을 믿습니다. 하나님께서 예비해 두신 복으로 인도되게 하심을 바라봅니다.

예수님의 이름으로 기도드립니다. 아멘.

09 _긍휼을 베푸시는 여호와

하나님 아버지,

사랑하는 성도님께서 하나님의 보호하심으로 살아온 지난날을 기억합니다. 눈앞에 보여 지는 손해와 안타까움에 마음의 평화를 잃지 않게 하시옵소서. 하나님의 사랑이 견디게 하심을 믿습니다.

성도님은 지금, 어떻게 수습해야 할지 그저 안타깝기만 합니다. 그러나 모든 것을 잃었어도, 하나님을 사랑하는 믿음을 잃지 않았음에 감사드립니다. 이 시련이 성도님과 그의 식구들에게 받아들여야 할 것이었다면, 감사하는 마음을 주시옵소서. 주님의 뜻에 합당한 그릇으로 만들어지는 비전을 주시옵소서.

성도님에게 긍휼을 베풀어 주시옵소서. 그에 대한 하나님의 사랑이 재난을 통해서 나타났음을 믿게 하시옵소서. 하나님의 사랑의 특별함을 이 역경을 통해서 보기 원합니다. 고통을 사용하여 풍성한 열매를 맺으시는 하나님을 기다리게 하시옵소서. 저의 고난이 이웃을 향해서 복음을 증거 하는 기회가 되게 하시옵소서.

불쌍히 여기셔서 이 역경에 하나님의 섭리가 있음을 믿게 하시옵소서. 이로 말미암아 하나님의 경륜을 찬송하게 하시옵소서. 환난 중에, 찬송을 함으로써 주의 영광을 구하게 하시옵소서. 하나님의 뜻이 저의 삶에서 이루어지는 즐거움을 보게 하시옵소서.

예수님의 이름으로 기도드립니다. 아멘.

10 _환난이 주는 새로움의 은총

하나님 아버지,

성령님의 충만하신 감동에 가슴이 뜨거워지게 하시고, 하늘나라를 바라보는 것만으로도 만족하게 하셨음을 기억합니다. 성도님은 지금, 눈을 떠도 앞이 캄캄하고, 어떻게 수습해야 할지 염려할 것뿐이지만, 성령님의 도우심을 바라보게 하시옵소서.

눈물과 한숨의 골짜기에 떨어졌지만, 하나님 앞에서 연단의 시간이 되기를 빕니다. 하나님께서 계시므로 환난이 저에게 새로운 의미가 됨을 소망합니다.

이 은혜를 주신 하나님의 자비하심으로 말미암아 고난의 시간을 견디어 내고, 이후에 올 평안의 시간을 맞이할 준비를 하게 하시옵소서. 곤란 중에도 소망을 주시옵소서. 환난의 풍랑을 지나 잔잔한 바다에 이루게 하시는 하나님을 바라보게 하시옵소서. 환난으로 다듬어진 저의 삶이 여호와께 아름다움을 드리게 하시옵소서. 이 고난을 통해서 남들의 어려움에도 동참하게 하시옵소서.

이 재난이 도리어 은혜의 수단이 되어, 하나님의 사람으로 만들어지는 축복이 되게 하시옵소서. 연단을 통하여 하나님께서 다듬으시려는 모습이 단련되게 하시옵소서. 지금은 하나님의 시간인줄로 믿습니다. 견디게 하시옵소서.

예수님의 이름으로 기도드립니다. 아멘.

11 _ 위로하시는 하나님의 섭리

하나님 아버지,

하나님의 은혜로 하늘에 마음을 두고 살아온 것을 기억합니다. 오늘, 이 자리에 임마누엘이 되어 주시고, 성도님께 하늘의 위로로 힘을 얻게 하심을 믿습니다. 성령님의 은총으로 더욱 신령해지게 하시옵소서.

성도님께서 남들만 겪어왔던 아픔을 나에게도 겪게 하셨음을 묵상하게하시옵소서. 이 재난이 저와 저의 가족의 삶을 힘들게 할지라도, 요동하지 않게 하시옵소서. 하나님은 재난보다도 저에게 관심을 갖고 계심을 깨닫게 하시옵소서. 시련을 통해서 위로하시는 하나님의 섭리를 깨닫게해 주시기를 빕니다.

저에게 이 곤란함을 하나님의 은혜로 여기게 하시옵소서. 성령님의 감동하심과 위로하심으로 이 곤고함에서 하나님의 뜻을 발견하게 하시옵소서. 그 깨달음을 통해서 재앙을 당한 것이 도리어 저에게 유익이 되었음을 고백하도록 이끌어 주시옵소서.

지금은 전심으로 여호와의 이름을 부르는 시간인 것을 깨닫게 하시옵소서. 그 이름이 주는 은혜를 갈망하게 하시옵소서. 눈물의 시간을 희락으로 바꾸어 주시는 하나님의 선물을 기대하게 하시옵소서. 고난도 하나님의 은혜라 감사로 순종하게 하시옵소서.

예수님의 이름으로 기도드립니다. 아멘.

19 | 가난해진 교우를 위하여

01 _ 아름다운 땅을 차지하리니

하나님 아버지,

성경을 대할 때마다, 은혜로우시며, 심령을 기쁨으로 채워주시는 여호와의 풍성함속에 지내온 삶에 감사드립니다. 실패는 잠시일 뿐, 다시 시도하도록 도전의 은혜를 주시는 여호와를 바라게 하시옵소서.

혹시, 지금 제가 겪고 있는 가난의 고통이 하나님의 뜻을 거절해서인지 깨닫기를 원합니다. 하나님께 불순종하여 받은 심판과 진노로 가난하게 되었습니까? 용서해 주시옵소서. 닫혀 진 하늘의 문을 여시고, 하나님께서 예비하시 아름다운 땅에 들어가게 하시옵소서.

돈의 부족으로 고통을 겪다보니 분별력마저 혼란해지고 있습니다. 하나님을 멀리하니 제가 이렇게 힘들고 매일, 매일이 척박합니다. 저의 죄를 깨달아 자복하게 하시고, 진노를 거두어 주시옵소서. 그의 인생을 복 되게 하사, 필요한 제물을 얻게 해 주시옵소서.

제가 까닭이 없이 당하는 것 같은 고난을 통해서, 우리 주님의 고난을 배우기 원합니다. 이 곤고함에서의 기도를 통하여 하나님께서 저에게 소망이 되심을 다시 한 번 확인하게 하시옵소서. 소망을 갖고 부르짖는 중에, 실패의 상처가 회복되고, 다시금 여호와의 은혜 안에서 도전하는 용기를 갖게 하시옵소서.

예수님의 이름으로 기도드립니다. 아멘.

02 _너희에게 소원을 두고

하나님 아버지,

재정의 어려움이 지금은 잠시 힘들게 하고, 사방에서 욱여쌈을 당하는 고통이 있으나 신앙인으로 굳건하게 하는 기회가 되게 하시옵소서. 저를 좀 더 냉철하게 해 주시며, 하나님 앞에서 온전케 되는 은혜를 내려 주시옵소서. 하늘 아버지께서는 오늘도 이 모든 것이 저에게 있어야 할 줄을 알고 계시다는 것을 믿습니다.

재물을 구하는 기도의 응답이 더디다 하여 하나님의 신실하심을 의심하지 않게 하시옵소서. 가난함을 통해서 저를 다루시려는 하나님의 인자하심을 깨닫게 하시옵소서. 하나님을 신뢰함에 틈이 생길 때, 마귀가 참소하는 것을 주의하도록 하시옵소서.

하늘로부터 임하는 크신 은혜에 감격하게 하시며, 종일 하나님의 말씀을 마음에 두고 살아오게 하셨음에 감사드립니다. 즐거웠던 날에 찬양하게 하셨으니 기도하게 하시옵소서.

오늘의 시련이 제게 꼭 필요한 것이었다면, 참을 만한 은혜를 주시옵소서. 이 괴로움이 여호와를 향한 겸손으로 바뀌게 하시고, 이전보다도 더욱 하나님을 신뢰하는 자리로 들어가게 하시옵소서.

하나님께서 저의 영혼을 단련시키려 주신 은혜일진대, 제가 온전한 모습으로 섰을 때, 이 고난이 큰 유익이 되게 하시옵소서.

예수님의 이름으로 기도드립니다. 아멘.

03 _여호와를 찾는 자는

하나님 아버지,

하나님께서는 자유로운 삶, 기쁨으로 충만하고 하늘의 영광을 소중히 여기며 살라고 우리를 지으셨음을 믿습니다. 여호와의 뜻에 마음을 쏟고, 주님의 손과 발이 되어서 사는 기쁨을 누리게 하시옵소서. 만일 제가 온전히 드리지 않으면 기쁨도 알 수 없음을 깨닫습니다.

저와 우리 가족이 하나님의 다스리심에 예민하도록 하시옵소서. 성령님께서 저를 다스리시어 물질을 사용하는 지혜를 누리게 하시옵소서. 가난의 역경을 성령님의 지혜로 풀어나가게 해 주시옵소서. 돈이 주어졌다 하여 제가 가난에서 벗어나지 않음을 깨닫습니다. 성령님께서 주시는 지혜로이 역경을 헤쳐 나가게 하시옵소서.

가난하게 되었다는 상심보다도 궁핍에 처였다는 사실이 가시가 되어 저를 힘들게 하고 있습니다. 이는 아직도 제가 교만하다는 증거라 봅니다. 용서해 주시옵소서. 고난을 주셔서 하나님의 은혜를 깨닫게 하심에 감사드립니다. 오늘의 실패를 여호와 앞에서 면류관으로 바꾸어 주심을 믿습니다.

하나님의 은혜는 부요하게 지내고 싶다는 욕심과 형통하도록 도와 달라는 기도로만 달려 온 제게 한숨을 돌리게 하셨습니다. 오늘의 환난이 하나님께 영광을 드리는 열매로 나타날 것을 확신합니다.

예수님의 이름으로 기도드립니다. 아멘.

04 _하늘 문을 열고 너희에게

하나님 아버지,

괴로움의 짐을 저의 몫으로 주셨음에, 감당하게 하시옵소서. 이 일에 대하여 분노하기보다는 까닭이 없이 고난을 당하신 주님을 묵상하게 하시옵소서. 여호와의 섭리를 깨닫게 하시옵소서.

제가 물질을 사용함에 있어서 악한 세대의 방식을 따르지 않게 하시옵소서. 돈을 쫓아가지 않고, 다만 돈을 도구로 사용하는 지혜를 갖게 해 주시옵소서. 이로써 재정에 매이지 않고, 재정을 통한 하나님의 의도를 따르게 하시옵소서.

비록 힘든 상황이지만, 여호와의 도우심으로 지금 바로 선한 행실에 힘쓰게 하시옵소서. 오직 하나님께 영광을 두는 자녀가 되도록 저를 다스려 주시옵소서.

빈궁한 생활로 말미암아 하나님께 인색하지 않으려고 애를 쓰고 있습니다. 이제, 가진 것은 비록 적어도 하나님의 집에 양식을 드리게 하시옵소서. 하늘 문을 여시고 복을 내려 주시되, 쌓을 곳이 없도록 주시는 하나님을 보게 하시옵소서.

현실만을 바라보지 말고, 하늘을 쳐다보게 하시옵소서. 주님의 뜻을 따르고, 이 땅에서 이루시려는 하나님의 일에 동참으로써 천국의 상급을 넓혀나가는 우리 가족이 되게 하시옵소서.

예수님의 이름으로 기도드립니다. 아멘.

05 _모든 것이 합력하여 선을

하나님 아버지,

저를 자녀로 삼아주신 후에, 저에 대한 사랑으로 졸지도 않으시고, 주무시지도 않으셨음에 감사드립니다. 오늘, 상심으로 얼룩진 마음을 보듬어 주시옵소서. 이스라엘을 잊지 않으셨던 하나님의 자비가 오늘, 저의 것이 되게 하시옵소서.

택한 백성을 돌아보시는 하나님의 긍휼하심이 있기를 빕니다. 그 은혜로 역경의 시간을 잘 지내게 하시옵소서. 모든 악한 것과 모든 것을 고칠 수 있는 능력이 복음에 있음을 믿습니다. 그 복음이 제가 어려움을 당하고 있는 경제의 문제도 고쳐주심을 믿습니다.

제가 돈을 사용하는데 있어서 혹시라도 하나님을 따르지 않은 행위가 있었다면 용서해 주시옵소서. 사탄이 저를 쓰러뜨리려고 돈에 대하여 불의하게 했음을 깨달았습니다. 이제, 돌이켜 하나님께로 나아가게 하시옵소서.

혹시, 저의 가난이 저의 인생을 저주하는 마귀의 역사입니까? 저의 집안에서 대대로 주인 노릇을 하고 있는 마귀의 역사입니까?

제가 이 시간에, 하나님의 뜻을 찾으며 시련을 견디어 내어야만 한다면 인내하게 하시옵소서. 지금의 고난을 선으로 바꾸시는 하나님이심을 확신합니다. 하나님의 참으심을 그가 경험하게 하시옵소서.

예수님의 이름으로 기도드립니다. 아멘.

06 _풍부한 인자하심에 따라

하나님 아버지,

저에게 닥친 재정의 어려움이 지난밤을 편히 잠들지 못하게 했습니다. 오늘 아침, 조금도 달라진 것은 없고, 오히려 두려움이 저를 짓누릅니다. 그러나 하나님께서 손을 펴시면 이 음침한 골짜기에서 저를 건져내어주심을 확신합니다.

만일, 이 위기가 저를 죄악에서 떠나게 하시려는 하나님의 일하심이시라면 가난을 역경으로만 대하지 말고, 저의 인생에 대한 하나님의 기회로 삼게 하시옵소서. 재물에 대하여 이제까지 갖고 있던 자세에서 돌이켜 하나님의 뜻을 따르게 하시옵소서.

재정의 고통이 저를 거꾸러뜨리는 기세로 다가와도, 여호와께서 함께 하심을 믿으니, 담대하게 하시옵소서. 폭풍이 몰아쳐도, 하나님의 사랑을 받고 있음에 소망을 잃지 말게 하시옵소서.

오늘, 자신을 하나님께 내어드리는 은혜를 내려 주시옵소서. 하나님께 자신을 맡기도록 하시옵소서. 그분의 주권을 인정하고, 그분의 뜻에 생각과 말, 행동도 내려놓은 은혜를 주시옵소서.

무슨 일을 하든지 언제나 하나님이 제 삶의 첫자리로 모셔드리는 은혜의 풍성함을 맛보게 하시옵소서. 저가 순간마다 하나님의 백성이 되어 사는 평안을 누리게 하시옵소서.

예수님의 이름으로 기도드립니다. 아멘.

07 _임마누엘의 은혜를

하나님 아버지,

재정의 어려움에 처해있지만 가난한 자들에게 손을 펴야 하는 저의 의무를 다하게 하시고 어려운 중에서도 저보다 더 어려운 이들에게 인색하지 않게 하시옵소서. 재정의 어려움 때문에 주님의 자비를 잃지 않게 하시옵소서.

모든 이들이 싫어하는 고난을 달게 여기는 마음을 주시옵소서. 늘 부요한 상태에만 목을 매던 저의 잘못된 생각을 단 번에 깨뜨리셨음을 묵상합니다. 성공이 하나님의 선물이라면, 실패도 하나님의 선물로 받아들이게 하시옵소서.

저를 사랑하시기에, 지금의 저에게는 궁핍이 필요하였기에 주신 것이라 받아들이게 하시옵소서. 하나님의 섭리를 발견하기를 원하며, 오직 하나님의 뜻에 저희를 드려서 이 시대의 가나안 족속을 몰아내는데 쓰임을 받게 하옵소서. 하나님 앞에서 한 뜻, 한 마음으로 전심을 다 드림이 있게 하시옵소서.

이 곤란함이 제게 말로 다할 수 없는 역경이 된다 해도, 하나님께 감사드립니다. 실패를 하였기에, 눈물을 흘렸기에, 저의 눈이 뜨여지고 임마누엘의 은혜를 구하게 하셨습니다. 무디었던 심령이 예민해지고, 잠이 들었던 심령이 깨어나 여호와께 집중하게 하시옵소서.

예수님의 이름으로 기도드립니다. 아멘.

08 _영원부터 영원까지 이르며

하나님 아버지,

아비가 사랑하는 자녀를 징계하듯이 저를 재정으로 징계하시니 감사드립니다. 가난한 생활이 계속되어 위태로운 처지에 놓여 졌지만 부족한 중에서도 죄악을 떠나게 하시옵소서.

이 시간에, 하나님께 의롭게 되기를 소망합니다. 곤경에서 벗어나려 하기 전에, 하나님의 의도를 배우게 하시옵소서. 몇 푼의 동전만 만질 수밖에 없는 상황에서 하나님의 음성을 듣기 원합니다.

하나님의 자녀가 되는 선물을 받은 동시에 주님의 권세와 인도하심에 순종해야 하는 특권을 받았음을 고백합니다. 아버지가 바라시는 삶을 사는 것에 도전하는 은혜를 경험하도록 하시옵소서.

인간적으로는 눈물과 한숨의 골짜기에 떨어졌지만, 하나님 앞에서 훈련의 시간이 되기를 빕니다. 이 고통을 통하여 하늘에 속한 사람으로 빚어지게 하시옵소서. 이 재난이 도리어 은혜의 수단이 되어, 하나님의 사람으로 만들어지는 축복이 되게 하시옵소서.

이 아픔으로 말미암아 저의 신앙적인 인격과 여호와의 종으로서의 가치관이 형성되게 하시옵소서. 우리 하나님이 함께 하심으로 환난이 저에게 새로운 의미가 됨을 소망합니다. 이제, 고난의 시간을 견디어 내고 이후에 올 평안의 시간을 맞이할 준비를 하게 하시옵소서.

예수님의 이름으로 기도드립니다. 아멘.

09 _ 악인은 입술의 허물로

하나님 아버지,

언제 넉넉해질지 모르는 가난함에서 돈이 우상이 될까 두렵습니다. 매일, 매시간 돈에 주목하게 되는 이 곤경으로부터 저를 구해주시옵소서. 사실, 돈이 채워진다 하여 가난에서 벗어나는 것은 아님을 깨닫습니다.

하나님 앞에서 재정의 관리를 바르게 하지 못했던 습관을 바꾸게 하시옵소서. 가난함보다 제가 먼저 치유되어야 함을 깨달았습니다. 저를 회복시켜 주시옵소서.

어려움이 주는 환난을 통해서 제가 얻어 누리는 이 땅의 모든 것들보다 저 자신을 존귀하게 여기시는 하나님을 깨닫게 하시옵소서. 제가 소유하고 있는 재물보다 저 자신이 더욱 중요하기에 이 역경으로 저를 지켜 주셨음을 깨닫게 해 주시기를 빕니다.

환난의 시간 동안에 저의 믿음과 삶이 다스려짐을 감사드립니다. 여호와 앞에서 정결해지고, 거룩함에의 소망을 갖게 하셨습니다. 고난의 유익을 누리게 하셨으니, 고난을 물리쳐 주실 여호와의 손길을 기다리게 하시옵소서. 하늘의 평강으로 인도해 주실 것을 믿습니다.

오늘 하나님 앞에서 종일 지내는 중에, "죄를 크게 범한 자의 길은 심히 구부러지고 깨끗한 자의 길은 곧으니라."(잠 21:8)는 말씀을 입에 담아두게 해 주시옵소서.

예수님의 이름으로 기도드립니다. 아멘.

10 _손으로 하는 바를 복되게

하나님 아버지,

하나님께서는 저를 위하여 재정의 계획을 갖고 계심을 믿습니다. 제가 가난한 자가 되어 하나님의 일을 하지 못함을 원하지 않으시는 하나님을 찬양합니다.

어떤 힘으로 살 수 있을는지, 소망을 잃은 저에게 하늘을 보게 하셨음에 감사드립니다. 두려움과 근심이 너무 커서 숨조차 쉴 수 없으나 하나님의 은혜에 소망을 두게 하시옵소서. 만일, 이 환난이 하나님의 뜻이라면, 감사로 받아들이게 하시옵소서. 이 고난으로 불평하지 않게 하시옵소서. 제가 하나님 앞에서 다듬어질 수 있는 거룩한 시간이 되게 하시옵소서.

이제, 성령님께서 저의 심령을 다스리시고, 주장하여 주시옵소서. 이 연단의 시간이 지나면, 저를 하나님 앞에서 복 되게 하심을 확신합니다. 그리하여 제가 가진 것이 넘치게 하실 것입니다.

환난 중에 만날 큰 도움이 되시는 하나님께서 나의 하나님이심에 감사드립니다. 환난 중에 은혜로 이끌어 주시옵소서. 이 역경의 시간이 저를 보다 의롭고, 경건하게 하시려는 하나님의 계획이심을 확신합니다. 이 고통의 시간을 견디어서 하나님의 영광을 구하는 것이 되게 하시옵소서.

예수님의 이름으로 기도드립니다. 아멘.

11 _ 후히 주시고 꾸짖지 않으시는

하나님 아버지,

고난과 역경이 끊이지 않는 세상을 살아야 하는 저에게 힘과 용기를 주시옵소서. 오직 여호와를 앙망하는 자는 독수리의 날개 치며 올라감 같을 것이라고 하셨으니 저에게 새 힘을 주시옵소서.

주님을 앙망하여 경외하는 믿음을 허락하여 주시옵소서. 그의 삶이 여호와의 영광을 위하여 드려질 수 있도록 복을 내려 주시옵소서. 찰싹거리는 파도와도 같은 어려움들을 물리치고, 깊은 바다의 고요함을 누리게 하시는 은혜에 감사드립니다.

재물의 손실로 앞으로 지낼 것이 막막하지만, 하나님의 인도하심을 의지하게 하시옵소서. 저에게 어려움을주시고, 저와 우리 가족이 머리를 숙이게 하셨음을 묵상합니다. 후히 주시고, 꾸짖지 아니하시는 하나님의 은혜가 저의 것이 되게 하시옵소서.

지금은 실패의 괴로움 때문에 힘들어 하지만, 위로부터 내려오는 은혜로 이기게 하심을 믿습니다. 성령님께서 담대하게 하시는 마음으로 실패를 원인을 찾게 하시옵소서.

이 시간에도, 저에게 소망의 약속이 되시는 여호와를 바랐으니, 구원하심을 보게 될 것으로 믿습니다. 이 고난에서도 자유로움을 누려 하나님의 영광이 되게 하시옵소서.

예수님의 이름으로 기도드립니다. 아멘.

20 | 병상의 위급한 교우를 위하여

01 _ 나의 구원의 뿔이시오

하나님 아버지,

오랜 시간을 힘들게 보내고 있는 성도님을 위해서 간구합니다. 고통의 시간에, 하늘의 신비함을 누리게 하시니 감사드립니다. 육체의 고통이 도리어 하늘나라의 신비를 보는 눈을 뜨게 하셨습니다. 하늘에 영광이 저의 심령에 가득해지기를 빕니다.

저의 답답한 사정과 원통함을 아시는 하나님이 계시기에 위로를 삼게 하시옵소서. 육체의 아픔이 너무 심해서 영혼이 진토에 달라붙은 것 같으나 하나님의 자비하심을 의지합니다. 혀가 입의 천장에 달라붙을지라도, 여호와의 이름을 놓지 않게 하시옵소서.

간절히 바라기는 성도님의 눈에 눈물이 말라붙어도, 여호와께 소망을 두는 눈물을 멈추지 않게 하시옵소서. 병상에서의 아픔으로 인하여 주님의 십자가를 바라보게 하시옵소서. 주님의 몸이 십자가에 달리신 고통을 생각하며 십자가의 보혈이 주는 은혜를 찬양하게 하시옵소서.

성도님을 고쳐주실 크신 하나님의 손을 그리워하게 하시옵소서. 십자가의 고통속의 주님을 받으신 하나님께서 그의 고통스러운 몸도 받아주심을 소망하게 하시옵소서. 하나님의 이름이 능히 고통으로부터 견디게 하심을 믿습니다.

예수님의 이름으로 기도드립니다. 아멘.

02 _심령의 생명도 온전히 거기에

하나님 아버지,

사랑하는 성도님께서 성령님의 충만하심으로 삶의 하루, 하루를 거룩함에 소망을 두게 하셨음에 감사드립니다. 만일, 그의 질환이 고쳐질 수 없는 것이라면, 이 고통이 은혜의 수단이 되어 날마다 하나님을 누리는 삶이 되게 하시옵소서. 성도님이 질병으로 인하여 하나님께 더 가까이 다가가게 하시옵소서.

육체가 무너지듯이, 영혼도 무너질 수 있음을 경고로 받는 은혜를 내려 주시옵소서. 그가 육체에만 매달렸던 삶을 용서해 주시옵소서. 이제, 회개하게 하시며, 연약한 자에게 힘을 주시는 은혜로 건강을 회복시켜 주시옵소서.

지금, 성도님은 고통으로 인한 슬픔이 강물과도 같지만, 지난 시간의 기쁨을 기억하며 감사드리게 하시옵소서. 아픔이 너무 심하여 숨이 고르지 못하지만, 지난 시간의 희망으로 즐거웠던 때를 기억하며 감사드리게 하시옵소서. 그를 향하신 하나님의 은혜가 슬픔과 질망을 경험하게 하심을 믿습니다. 성도님께 주신 질병이 그에게 인생을 만들어가는 은혜로 기다리게 하시옵소서. 아픔의 시간에만 누릴 수 있는 하나님의 은총으로 여호와께 합당한 모습을 갖추게 하시옵소서.

예수님의 이름으로 기도드립니다. 아멘.

03 _내가 너를 건지리니

하나님 아버지,

성도님의 연약한 육체를 불쌍히 여겨 강건하게 하신 은혜를 날마다 귀하게 여기며 지내게 하셨음에 감사드립니다. 그 은혜와 사랑을 날로 더욱 귀하게 여기게 하시옵소서. 그 은혜가 힘이 되어 아픔의 고통을 이겨내게 하시옵소서.

몸은 병들어서 누어있지만, 이 상황이 성도님께 하나님의 은혜임을 고백하게 하시옵소서. 거룩한 생활은 뒷전으로 하고, 분주하게 살아온 그에게 육체의 질병을 통하여 깨닫고, 회개케 하시려고 주셨다는 것을 알게 하시옵소서. 병중에 있는 시간에, 자신의 삶을 돌아보게 하심을 감사드립니다.

오늘, 환난의 은혜가 성도님을 하나님의 사람으로 만들어 주심을 기대하게 하시옵소서. 즐겁고 기쁜 시간으로 하나님을 찬미하게 하셨다면, 아프고 힘든 시간이지만 하나님의 섭리를 발견하게 하시옵소서. 하나님께로부터 외면을 당한 것 같은 외로움을 통해서 더욱 간절함으로 하나님을 찾게 하시옵소서.

그동안에도, 그를 향하신 하나님의 은혜가 넘쳐났음을 알고 그 은혜로 병상에서 여호와의 이름을 부르게 하심은 기쁨이 됩니다. 어두움 후에, 건짐을 받고, 여호와를 찬양하게 하시옵소서.

예수님의 이름으로 기도드립니다. 아멘.

04 _환난 중에 만날 큰 도움

하나님 아버지,

고통 중에 있으면서 성도님이 낙심하거나 포기하지 않고, 하나님의 도우심을 바라보게 하시니 감사드립니다. 육체의 아픔이 심하게 느껴질 때마다, 영혼의 깊은 데서 평안이 흘러나옴을 고백하니 감사드립니다. 이것도 주님의 은혜입니다.

그러면서도 지금 성도님에게는 생명의 위협을 느끼는 두려움이 밀려옵니다. 금방이라도 호흡이 멈출까 두려워하십니다. 그럼에도 감사하기는 여호와의 이름을 부를 소망이 있음입니다. 이 고통의 심함에서도 하나님을 찾게 하심이 바로 은혜인 것을 깨닫습니다. 그의 몸을 두려움에서 건져 주시옵소서.

질병의 아픔을 겪게 하심이 하나님의 은혜라면 감사함으로 받아들이게 하옵소서. 성도님의 육체가 무너지는 것으로 인해서, 자신의 삶과 그를 둘러싸고 있는 환경에서 하나님의 뜻이 드러나기를 빕니다.

그의 영적인 무지는 고난을 이해할 수 없지만, 분명히 하나님의 섭리가 있음을 믿습니다. 입술이 말라, 입을 떼기에 어렵더라도 하나님을 찾게 하셨음에 감사드립니다. 이 시간에, 성령님께서 성도님의 몸을 끌어안아 주시옵소서. 성령님의 치료하시는 은총이 아픈 곳에 비추어 치유의 은혜를 보게하여 주시옵소서.

예수님의 이름으로 기도드립니다. 아멘.

05 _치료하는 광선을 비추리니

하나님 아버지,

여호와의 이름만 생각해도 마음이 좋아지고, 살고 싶은 소망을 성도님께 주셨음에 감사드립니다. 저의 친구가 되신 주님도 십자가에서 고통을 겪으셨으니, 이 시간의 아픔을 능히 이겨낼 힘을 주시옵소서.

이 시간에, 성도님께 "환난 날에 나를 부르라"하신 말씀을 기억나게 하시옵소서. 저의 연약함이 여호와의 이름을 찾는 은혜가 되었음에 감사드립니다.

이제, 이 질병으로부터 저를 건지시는 것을 기다리게 하시옵소서. 그리하여 제가 하나님을 영화롭게 해드리는 은혜의 주인공이 되기 원합니다. 심령까지도 두려움에 떨도록 하는 육신의 질병에서 여호와의 구원하심을 보게 하시옵소서.

이 괴로움이 몸과 영혼을 어둠의 수렁으로 끌어내리고 있으니 고통의 장막을 거두어 주시옵소서. 오늘, 부르짖고, 응답을 받고, 하나님께 영광이 되는 은혜를 내려 주시옵소서. 믿음으로 부르짖음에 응답을 경험하게 하시옵소서. 육신의 아픔만큼이나 두려움에 영혼이 낙담되니, 속히 일으켜 주시옵소서.

병에서 고침을 받고, 어둠의 세력도 일곱 길로 도망가게 해 주시옵소서. 외양간에서 나온 송아지 같이 뛰는 은혜를 주시옵소서.

예수님의 이름으로 기도드립니다. 아멘.

06 _주께서 나를 안위하시오니

하나님 아버지,

잠을 이루지 못하는 밤의 시간에, 성도님께서 여호와의 이름을 부름에 감사드립니다. 질병의 고통을 통해서 주님의 사랑을 알게 하시니 더욱 의지하게 하시옵소서.

질병의 환난이 하나님께로 이르는 길이 됨에 감사드립니다. 성도님의 몸에 살아계신 하나님의 흔적을 선물로 받게 하셨습니다. 이제, 여호와의 손이 육체를 강건하게 해주심을 기다리게 하시옵소서. 저의 영혼도 강건하게 해주심을 기다레게 하시옵소서.

병이 심하여 역경의 시간을 보내야 하는 것이 하나님의 은혜라면 성도님께서 감당하게 하시옵소서. 사실, 그가 사는 동안에 겪어야 하는 모든 삶의 모습이 여호와의 은혜였음을 고백합니다.

그러나 고통이 더해질 때마다, 주님의 손에서 벗어나 두려움이 엄습한다고 합니다. 이 시간 이후부터는 이 질병으로부터 육체를 건져 주시고, 저주로부터 영혼을 건져 주시옵소서.

성도님의 몸이 연약해진 틈을 타서, 사탄의 참소가 무섭게 달려들고 있습니다. 그의 병든 몸을 사탄에게 내어 주지 않게 하시고, 그의 참소에 귀를 기울이지 않게 하시옵소서. 하나님의 안위해 주심을 기다리게 하시옵소서.

예수님의 이름으로 기도드립니다. 아멘.

07 _사방으로 우겨쌈을 당하여도

하나님 아버지,

사랑하는 성도님이 우리 주님을 잊지 않고 살게 하셨음에 감사드립니다. 오늘 하루의 삶에 주님을 주인으로 모시게 하시옵소서. 뼛속의 깊은 곳에서부터 찌르는 고통에 숨이 막힐 지경이지만 견디어 낼수 있는 힘을 주실 하늘의 은혜를 바라보게 하시옵소서.

하나님의 은혜로 성도님의 육체가 더 나빠지기 전에, 영혼의 구원함을 보게 하셨음에 감사드립니다. 건강으로 복을 주신 여호와시라, 질병으로도 복을 주심을 믿습니다.

이 시간에도, 성령님의 위로하심이 없이는 한 순간도 참고 견디어 낼 수 없습니다. 순간의 역경을 이겨내지 못하고 하나님을 원망할까 두렵습니다.

성도님의 몸에 손을 대시는 하나님의 사랑, 그의 인생에 간섭하시는 하나님의 사랑을 나타내어 주시옵소서. 병든 몸을 눈물과 함께 내려놓는 은혜를 주시옵소서. 성도님의 생명이 주님의 것일진대, 병든 몸도 주님의 것이니, 하나님의 은혜로 받아 주시옵소서.

사방으로 우겨쌈을 당하는 고통의 역경이 오히려, 여호와 앞에 순결한 영혼을 지니게 하셨음을 즐거워합니다. 여호와 앞에서 낙심하지 않게 해 주시옵소서.

예수님의 이름으로 기도드립니다. 아멘.

08 _근심하는 소리를 들으시고

하나님 아버지,

육체의 연약함에서 성도님이 도리어 하나님을 더욱 사랑하고, 의지하게 하시니 감사드립니다. 여호와가 성도님에게 평안이 되어 주시옵소서. 그의 몸은 하나님의 손에 있습니다.

질병의 회복에 대한 목마름보다 하나님의 뜻을 찾기에 부지런한 눈을 주시옵소서. 그의 육체가 연약해져 하나님의 뜻이 이루어진다면 순종하는 은혜를 주시옵소서.

사랑하는 성도님이 지금 이 고통의 시간을 보내어야 한다면, 좀 더 의연하게 해 주시옵소서. 육체에 당한 환난에 의해서 하나님의 은혜를 보게 하시옵소서. 건강한 몸으로 지내왔던 삶이 하나님의 은혜였듯이, 이 고난을 저를 위한 복으로 받게 하시옵소서.

질병이 그의 육체를 쓰러지게 하지만, 영원한 생명을 약속해 주신 하나님을 믿으며, 고통의 시간을 견디게 하시옵소서. 하나님의 시간에 다시 건강한 몸으로 회복시켜 주실 것을 기대합니다.

이제, 성도님께서 역경을 통해서 하나님께서 의도하신 일이 성취되도록 순종하는 마음을 갖게 하시옵소서. 고난의 시간도 하나님께 영광이 되기를 소망합니다. 지금은 흐르는 눈물뿐이지만, 이를 사용하여 그를 의롭게 하시는 하나님께 소망을 두게 하시옵소서.

예수님의 이름으로 기도드립니다. 아멘.

09 _아픔이 삼키지 못하게

하나님 아버지,

고요한 시간에 부드러운 음성으로 속삭이듯이 은혜로 함께 하시고, 새 희망을 갖게 하십니다. 육체의 아픔이 눈물로 요를 적시게 하지만, 하나님의 사랑이 저의 심령을 적셔 주심을 고백합니다.

성도님께서 짓누르는 아픔에 침이 바짝 마르지만, 여호와의 이름을 부름에 감사합니다. 마른 혀는 입의 천장에 달라붙어, 숨조차 고르지 못하게 하지만, 하나님께서 함께 해 주심을 믿어 힘이 나신다고 합니다. 주위에서 위로를 받음을 묵상하게 하시옵소서.

이 시련을 통해, 몸을 만지시면서 말씀하시는 하나님의 음성을 듣게 하시옵소서. 통증이 심령을 괴롭힐 때마다 저의 얼굴을 여호와께로 돌리게 하시옵소서.

지금까지 지냈던 자신의 삶을 돌아보고, 정리해 보는 은혜를 갖게 하시옵소서. 병상에서 만나주시는 하나님의 품에 안겨 저의 인생을 건강하게 지냈던 시간들, 행복했던 시간들에 마음을 빼앗겨 현재 처해있는 자신의 상황때문에 상심하지 않게 하시옵소서.

원하지 않는 질병이 찾아와 성도님을 괴롭히지만, 여호와의 손을 바라보게 하시옵소서. 질병의 깊음이 저를 삼키지 못함을 믿습니다. 어둠의 세력에서 건져 주심을 확신합니다.

예수님의 이름으로 기도드립니다. 아멘.

10 _질병의 고통이 심해짐

하나님 아버지,

우리 주 예수님을 죽음의 무덤에서 다시 살리신 성령님의 역사를 지금, 성도님께 보여주시기를 소망합니다. 성령님의 일으켜 주심을 믿고 간구할 때, 일어나게 하시옵소서. 고통을 갖다 주던 질병의 근원은 묶임을 당하게 하시옵소서.

성도님께 은혜를 베푸시고, 좋은 것으로 만족케 하신 여호와를 찬송합니다. 사랑하는 종이 몸을 드려, 물질을 드려 하나님의 영광을 위해서 지냈던 시간들을 돌아봅니다. 지금은 '여호라 라파' 이신 하나님의 손이 나타나 치료해주실 시간이라 믿습니다. 이를 통해 저희들 모두가 주님의 영광을 보게 하시옵소서.

오늘의 눈물이 찬양의 곡조로 바뀌고, 아픔이 찬양의 노랫말로 바뀌게 하시옵소서. 귀한 가족들에게는 함께 아픔을 겪으면서 주님을 위한 자리를 마련하게 해주시기를 간절히 빕니다. 주님의 성스러운 모습이 병고의 고통에 있는 이 가정에 넘치도록 하시옵소서.

밤과 낮 어느 때이든지 주님을 즐거워하는 일, 그것만이 식구들의 갈망이 되게 하시옵소서. 성도님께서 치료를 받으시는 동안, 상당한 재정의 지출이 있으리라 여깁니다. 필요한 만큼 재정을 마련해주시고, 여호와께 영광이 되게 하시옵소서.

예수님의 이름으로 기도드립니다. 아멘.

11 _오랜 지병, 노환

하나님 아버지,

성도님께서 평생의 시간을 여호와 앞에서 지내고 계심에 감사드립니다. 사랑하는 종이 연로하고 질병이 오래 되어 안타깝습니다. 그렇지만 그 크신 하나님의 사랑과 은혜로 새롭게 해주심을 믿습니다. 성령님께서 지금, 성도님의 관절과 골수, 오장 육부를 만져 주시기를 소망합니다. 회복의 은혜를 입게 하시옵소서.

저희들이 건강한 몸으로 여호와의 영광을 드러내며 지내는 것이 하나님의 뜻임을 믿습니다. 그가 사람의 힘으로 많은 수고를 하였으나 이렇게 오랜 시간을 고통 중에 있으니 은혜를 베풀어 주시옵소서.

연약해지는 몸으로 말미암아 낙심하지 않고, 하나님께 소망을 두시도록 붙들어주시옵소서. 혈루병을 앓던 여인에게 있었던 치유의 은혜를 성도님께도 내려 주시옵소서. 그리하여 다시 힘을 얻고, 일어나셔서 하나님의 나라와 교회를 위하여 충성을 다하시는 종이 되게 하시옵소서.

집안 식구의 병고로 슬픔에 차있는 가족을 위로해 주시고 이 가정에 은총을 내리셔서 그들을 믿음과 경건과 사랑 안에서 지내도록 인도해 주시옵소서. 거룩한 자손들에게 여호와의 손이 함께 하시고, 고요하고 평안한 시간을 갖게 하옵소서.

예수님의 이름으로 기도드립니다. 아멘.

21 | 소천-장례 예식을 위하여

임종-01 _영생을 얻어 사망에서 생명으로

하나님 아버지,

주 안에서 한 평생을 곱게 믿음을 지키며 살아오신 ○○○ (직분)님의 임종을 아름답게 하시옵소서. ○○○ (직분)님께서 모든 수고와 시련을 끝내고 주님의 품안에서 영원한 안식을 얻으시도록 이끌어 주시옵소서. 하나님께서 사랑하시는 아들, ○○○ (직분)님께서 주님을 찬양하면서 병고를 견디어내게 하심을 감사드립니다.

주님을 사랑하고 교회를 위해서 수고를 아까지 않으신 ○○○ (직분)님을 축복합니다. 사랑하는 지체께서 여호와께 아름다운 생애를 사셨음에 감사드립니다.

목사님께서 말씀을 전해 주실 때, 생명의 말씀을 주실 것을 소망하며 아멘으로 화답할 수있게 해주시옵소서. ○○○ (직분)님과 저희들에게 그 말씀을 귀하게 여겨 마음으로 받도록 하시옵소서. 믿음을 지키고 살아오신 종에게는 격려가 되는 말씀이 되고, 가족에게는 위로의 메시지가 되기를 원합니다.

주님의 높고 크신 경륜을 다 깨닫지 못하오나 저희들로 하여금 주님의 약속과 영생의 복음을 확실히 믿게 하시옵소서. 이 땅에서 환난과 역경을 이기며 하늘의 소망을 빼앗기지 않게 하여 주옵소서.

예수님의 이름으로 기도드립니다. 아멘.

임종-02 _하늘에 있는 영원한 집

하나님 아버지,

여호와께서 주셨던 나그네의 삶을 신실하게 사셨던 ○○○님 께서 아버지의 집으로 찾아갔습니다. 저가 이 땅에 있는 동안에 하늘에 있는 영원한 집을 사모하게 하셨으니 감사드립니다. 이 시간에, 저희들을 위해 뜨겁고도 붉은 피를 흘려주셨던 주님의 십자가를 붙잡고 그리던 본향으로 가게 해주셨음에 감사드립니다.

천군과 천사들의 호위를 받으며 아버지의 나라에 들어갔음을 믿습니다. 믿음의 생활을 끝까지 지키도록 하신 은혜를 찬미하는 저희들이 되게 하시옵소서. 아울러 평생의 신앙을 결단하게 하시옵소서.

이 시간에 목사님께서 전해주시는 하나님의 말씀이 축복이 되기를 원합니다. 위로를 받고, 천국에의 소망을 확신하게 하시옵소서. 하늘의 집에 이르게 하시는 여호와께 찬양을 올려드립니다.

○○○님께서 이 땅에서 지내던 평생 동안 기도를 들어주셨던 하나님께서 그 다정하신 팔을 벌려 영접해 주시옵소서. ○○○님께서 천국의 문에 들어서는 시간에 영화로운 잔치가 열리게 해주시옵소서.

하나님께서 이 땅에 허락해주셨던 몸을 흙으로 돌려보내는 저희들에게 은혜를 내려 주시옵소서. 주 안에서 이루어지는 거룩한 장례식이 하나님께 영광이 되고, 유족들에게는 은혜의 행사가 되게 하시옵소서.

예수님의 이름으로 기도드립니다. 아멘.

위로-01 _시온의 대로가 있는 자

하나님 아버지,

성도님께서 이 땅에서 계실 동안에, 하나님을 사랑하며 지내시다가 육신의 생명이 다하시게 된 지금, 사랑하는 지체를 위해서 예비하신 하늘의 복으로 고인의 가정을 돌보아 주시옵소서.

한없이 연약한 인생을 긍휼히 여겨 주시옵소서. 고인께서 세상에 있을 때 예수님을 믿고 구원을 얻어 하늘의 영원한 기업을 누리게 하신 것을 감사합니다. 평생의 삶을, 주님께서 베풀어 주셨던 은총을 기억하며 지내셨던 고인으로 인하여 저희들은 영광을 드립니다.

고인의 임종으로 슬퍼하는 저희들에게 하늘의 문을 여시고, 위로를 내려 주시옵소서. 인간의 슬픔에 누가 감히 위로할 수 있습니까?

○○○ (직분)님을 위하여 말씀을 들려주실 목사님을 강건케 하시옵소서. 천국의 영권을 주시고 그 말씀으로 저희를 깨우치시며, 기쁨과 은혜와 소망을 갖도록 인도해 주시옵소서.

지금, 모든 만물도 ○○○ (직분)님의 임종에 주님의 사랑을 기뻐하여 찬양할 줄로 믿습니다. 존귀한 성도의 영혼을 받으셨으니, 이제, 저희들은 감사하면서 장례를 준비하게 하시옵소서. 이제, 고인께서 하다가 남겨 놓은 일들이 있으니, 저가 가졌던 열심을 저희들에게 주셔서 그 일을 이루어가게 하시옵소서.

예수님의 이름으로 기도드립니다. 아멘.

위로-02 _전통을 지키는 신앙

하나님 아버지,

한 몸이 되어 살았던 고인을 하나님의 나라로 보내고 혼자 남겨진 것만 같은 서운함으로 힘들어 하시는 성도님을 위로해 주시옵소서. 너무도 빨리 성도님을 보낸 슬픔을 참으려는 자녀들에게 더욱 큰 사랑을 내려 주시옵소서.

저희들이 예배하는 지금, 영과 진리로 여호와를 주목하게 하시옵소서. 성도님이 계시지 않아 텅 빈 것만 같은 이 가정에 성령 하나님의 은혜가 가득하게 임하게 하시옵소서. 고인을 추억하면서 그의 아름다웠던 신앙을 본받게 하시는 여호와께 찬양을 올려드립니다.

머리를 숙인 지금, 고인의 모습이 새롭습니다. 기쁘고 감격에 찬 모습으로 찬송을 부르시던 얼굴이 저희들의 가슴에 더욱 새로우니, 그 모습을 저희들이 본받게 하시옵소서. 하나님의 말씀을 대하실 때는 언제나 아멘으로 받으시고, 그 말씀을 따르지 못하실 때는 안타까움의 눈물을 보이시던 모습이 저희들의 것이 되게 하시옵소서.

이제는 생전의 고인께서 기도하시던 복이 하나님의 응답으로 나타날 것을 기다리는 자녀들이 되게 하시옵소서. 여호와만 바라보는 유족들이 되도록 인도하여 주시고, 앞으로의 삶도 형통하게 인도하여 주시옵소서.

예수님의 이름으로 기도드립니다. 아멘.

입관-01 _의의 면류관이 예비 되었으므로

하나님 아버지,

인류의 역사와 개인의 생사화복을 주관하시는 하나님께 찬양과 영광을 드립니다. 오늘은 이 세상을 떠나 하나님 앞으로 가신 고 ○○○ 성도님의 입관예식을 거행하려고 모입니다.

슬픈 마음으로 하나님 앞에 머리 숙인 이들에게 큰 위로를 내려 주시옵소서. 이 예식에 성령님의 위로하심과 은혜를 주심이 있기를 소망합니다.

고인과 이별하여 서운해 하는 가족에게 하나님께 영광을 드리는 예식이 되도록 입관의 모든 행사를 주관해 주시옵소서. 고인의 육신을 입관하면서 예배하오니 영광을 받아주옵소서. 이제 세상에서의 불신과 부덕한 것으로부터 떠나 만세반석 되시는 주님의 따뜻한 사랑의 품으로 들어가는 고인의 믿음을 저희들도 본받게 하시어 신앙의 승리자가 되게 하옵소서.

오늘도 장례식을 주관하시는 목사님께 성령님의 역사가 함께 하사, 말씀을 대언하실 때, 크신 은혜로 더하여 주시옵고 그 말씀으로 인하여 유족들이 앞으로 살아나갈 세상을 이기게 하시옵소서.

고인께서 주 안에서 쉬게 하셨음으로 주님께 영광이기를 원합니다. 장례예식이 진행될 때, 하나님의 영광을 보여주시옵소서.

예수님의 이름으로 기도드립니다. 아멘.

입관-02 _보좌 앞과 어린 양 앞에서

하나님 아버지,

사랑하는 이와 헤어진 유족들에게 하나님의 손길로 만져 주심이 있기를 소망합니다. 어린 자녀들의 슬픔이 더욱 클 수밖에 없으니, 성령님의 위로하심을 바랍니다. 저들에게 고인께서 먼저 가신 천국을 소망하는 마음을 주시옵소서.

천국에 이르게 하시는 여호와께 찬송을 바치게 하시옵소서. 주의 가정에 천국에 입성하는 이가 있는 영광을 주셨으니 감사합니다. 유족과 함께 한 ○○의 지체들이 예배할 때, 하늘에서 천군과 천사들의 화답이 있으시기를 빕니다.

짧은 시간의 삶이지만 인간의 죽음에 여러 모습이 있는데, 이 가정에는 영화로운 죽음을 보게 하셨으니 저희들 모두 즐겁습니다, 고인께서 믿음을 지키고 달려갈 길을 마치신 승리자가 되셨음에 그 자세를 본받는 이 자리가 되게 하시옵소서.

복스러운 시간에 하나님의 말씀으로 위로하실 종에게 신령한 은총을 더하시옵소서. 그 말씀이 유족에게는 격려가 되고, 함께 신앙생활을 하다가 남은 자가 된 저희들에게는 위로가 되기를 소망합니다.

이제, 이후의 모든 절차에도 하나님의 영광이 나타나도록 하시며, 사탄이 훼방하지 않고, 성령님께 충만한 예식이 되게 하시옵소서.

예수님의 이름으로 기도드립니다. 아멘.

장례-01 _더 나은 본향을 사모하라

하나님 아버지,

고 ○○○ 성도님께서 저희들에게 남기신 몸을 장사지내려고 이 자리에 모였습니다. 고인께서 주 예수님이 예비해주신 새 집으로 가셨기에, 저희들에게 감사함으로 예배할 수있는 마음을 주시옵소서.

이 시간에, 유족들의 눈에 고인 눈물을 거두어 주시고, 가슴 속에 맺힌 답답한 아픔을 제하여 주시옵소서. 신령한 하나님의 나라를 똑똑히 바라보게 하옵소서. 이 자리에 함께 모인 이들에게 예비하신 나라를 유업으로 받도록 허락하옵소서.

저희들이 예배할 때, 성령님의 충만하심이 나타나게 하옵소서. 이 예배를 축하하는 성가대원들의 찬양이 하늘에 퍼지기를 원합니다. 목사님의 말씀을 소망과 위로의 메시지가 되게 하옵소서. 말씀을 전해 주실 목사님에게 성령의 능력이 더하시기 바라며, 말씀 속에서 저희들이 거듭나게 하옵소서. 아버지 하나님께서 약속하신 말씀이 이루어지는 복된 시간이기를 소망합니다.

고인의 영혼을 받으시고, 장례의 모든 절차들이 진행되는 동안에 은혜를 베푸실 하나님의 손길을 유족과 성도들이 바라보게 하시옵소서. 유족을 비롯해서 일가친지들과 ○○ 교회의 성도들이 이곳을 나설 때, 끝까지 저희들을 인도해 주시옵소서.

예수님의 이름으로 기도드립니다. 아멘.

장례-02 _죽어도 주를 위하여 죽나니

하나님 아버지,

하나님 앞에서 사시던 고 ○○○님의 영혼을 받아주시니 찬양을 드립니다. 주 앞에 엎드린 저희들이 겸손으로 예배하는 한 시간이 되게 하시옵소서. 하늘에서는 영광을, 땅에서는 위로를 베풀어 주시옵소서.

날마다 성도로서의 십자가의 삶을 사시다가 죽음이라는 관문을 통하여 고인께서는 하나님의 품에 안기셨습니다. 근심이나 걱정할 일이 없이 주님의 보좌 앞에서 영광을 드리고 계실 것을 믿으니 가슴이 벅차 오릅니다. 이제, 성령님의 충만하심 안에서 사모했던 천국을 바라보며 장례예식을 거행하게 하시옵소서.

고인으로 말미암아 저 자신을 돌아봅니다. 아직까지도 생명의 주권이 주께 있음을 깨닫지 못한다면 용서해주시옵소서. 하나님을 믿는다 하면서도 죄악에서 떠나지 못한 것을 불쌍히 여겨주시며, 사망에서 건져 의로운 생명을 얻게 하시옵소서.

이 시간에, 유족들의 눈에 고인 눈물을 거두어 주시고 가슴속에 맺힌 답답한 아픔을 제하여 주시옵소서. 슬픔 가운데서도 힘을 얻어 예배함은 주님께서 새 하늘과 새 땅을 보여 주셨음입니다. 장례예식이 진행되는 동안에, 사람에게나 어떤 일들로 말미암아 사탄이 틈을 타지 않게 하시옵소서. 하나님의 영이 다스려 주시옵소서.

예수님의 이름으로 기도드립니다. 아멘.

하관-01 _천국을 소망하는 시간

하나님 아버지,

고인은 주님의 십자가만을 바라보고 승리하셨습니다. 지금, 주님의 자녀들이 주님을 영화롭게 찬송을 드리게 하옵소서. 이 땅에서 지내시는 동안에 성령님의 사람으로 사셨던 성도님을 기억합니다.

주님께서 천사장의 나팔 소리와 함께 고인을 영광의 몸으로 부활하게 하사 주님의 영광 속에 영원히 거하게 하시옵소서. 그때, 우리들이 다시 만나 하나님을 찬양하는 아름다운 시간을 예비해 주시기를 소망합니다. 이 땅에 남아 있는 우리들로 하여금 진실한 마음으로 믿음을 지키게 하옵소서.

예식이 진행되는 동안에, 하나님의 능력과 은혜가 드러나게 하시고, 참여한 이들에게 거룩함을 입혀 주시옵소서. 고인과 이 가정에 속해있는 지체들에게 성령님의 능력으로 충만하게 하시옵소서.

하나님만을 의뢰하는 자녀들을 사랑하셔서 큰 사랑 중에서 우리를 건져내셨고 또 건져내실 줄 믿습니다. 고인께서 사셨던 생활은 유혹과 핍박이 끊이지 않는 것이었습니다. 그러나 그 모든 유혹을 하나님 앞에서 물리치셨습니다.

자녀들에게 고인의 삶을 이으려는 다짐을 주시옵소서. 저희들에게는 고인의 신앙을 흠모하겠다는 결단으로 이끌어 주옵소서.

예수님의 이름으로 기도드립니다. 아멘.

하관-02 _열조에게로 돌아가는 인생

하나님 아버지,

평생을 하나님의 은혜에 감사하며 사셨던 고인의 유해를 왔던 곳으로 보냅니다. 이 시간에, 사랑하고 존경하던 이를 육신적으로 다시 볼 수 없어서 슬퍼하는 유족들에게 하늘의 문이 열려진 곳을 보게 하시옵소서. 예배할 때, 하늘의 하나님께만 영광을 드리는 저희들이 되게 하시옵소서.

열조에게로 가게 하시는 여호와의 이름을 높여드립니다. 고인께서는 여호와 앞에서 하나님께 합한 사람으로서의 삶을 다하셨고, 주 안에서 형제 된 저희들에게는 좋은 신앙의 뿌리가 되어 살게 하셨습니다. 오래오래 함께 하고 싶은 사람으로 저희들과 같이 하도록 하신 여호와의 은혜에 찬미의 제사를 드립니다.

고인의 유해가 성도들의 존경과 유족들의 사랑을 받으며 땅에 묻힐 시간이 되었습니다. 고인의 몸을 흙으로 보내지만, 그의 신앙과 삶을 여기에 모인 이들의 마음에 각각 새겨져 고인의 삶처럼 모두가 하나님앞에 인정받는 삶이 되게 하시옵소서.

성령님의 은혜가 하관예식의 자리에 충만하기를 원합니다. 고인의 유해가 흙으로 돌아갈 때, 하늘에서 천군과 천사의 찬송이 울려 퍼지게 하시옵소서. 그 승전가를 받는 은혜를 내려 주시옵소서.

예수님의 이름으로 기도드립니다. 아멘.

귀가-01 _거짓이 없는 믿음이 있음을

하나님 아버지,

예배하러 모인 저희들로 주께 영원히 감사하게 해주시옵소서. 하나님과 동행하셨던 고인의 남은 육체를 땅에 묻었던 저희들이 집으로 돌아왔습니다. 지금까지 장례절차의 주관해주셨음에 감사드립니다.

예수님께서 운명을 하시기 전에, "아버지여, 내 영혼을 부탁하나이다."라고 하셨듯이, 고인께서도 그렇게 간구하셨음을 믿습니다. 고인의 자녀들이 하나님께 영광을 드리는 시간이 되게 하시옵소서.

저희들을 성도로 선택해 주시고, 고 ○○○ (직분)님과 함께 신앙생활을 하게 하셨음에 감사드립니다. 예수님 안에서 저희들이 사는 것이나 죽는 것이나 하나님의 은혜와 뜻이 되게 하시고 영생의 소망이 있음을 붙잡고 살아가도록 인도해주시옵소서.

이제, 고 ○○○ (직분)님을 위하여 말씀을 들려주실 목사님을 강건케 하시옵소서. 목사님께 영권을 주시고 권능과 지혜로 함께 해주시옵소서. 그 말씀으로 저희를 깨우며, 저희들에게 기쁨과 은혜와 소망을 갖도록 인도해주시옵소서.

유족들에게 천국에 대한 확실한 소망을 품게 하시고, 고인의 신앙을 이어 믿음의 장부들로 만들어 주시기를 원합니다. 하나님께 영광이 드려지고 유족들에게는 은혜가 임하게 하시옵소서.

예수님의 이름으로 기도드립니다. 아멘.

귀가-02 _육신의 장막을 벗는 축제의 시간

하나님 아버지,

일평생을 경건하게 살아오신 고 ○○○ 님께서 이 땅에서의 달려갈 길을 마치게 하셨음에 감사드립니다. 저희들은 하나님의 말씀에 순종해서 그의 몸을 흙으로 돌려보내고 왔습니다.

사람은 누구나 죽음을 피하려 발버둥치지만, 고인께서는 천국에 대한 소망을 갖고 지내셨음을 기억합니다. 임종 앞에서도 고인의 환희에 찬 모습에서 오히려 저희들이 위로를 받았습니다.

고 ○○○ 님께서는 자신의 가족들뿐만 아니라, 교회의 성도들에게도 믿음의 본을 보여 주셨습니다. 늘 천국을 소망하셨고, 하늘나라에 쌓아두는 열매를 강조하셨습니다. 저희들은 고인을 기억하면서 '좁은 길, 좁은 문'을 통해서 하나님 나라에 이르게 해주시옵소서.

사랑하는 유족과 저희들에게 고인을 통해서 하늘나라가 분명히 있음을 깨닫게 해주시니 감사합니다. 저희들에게 고인의 죽음은 천국이 있음을 깨닫게 하는 선물이 되었습니다. 죽음의 강 요단을 건너 영원한 안식의 나라로 옮겨진 고인을 바라보게 하시옵소서.

고인의 영혼이 하나님의 품에 안겨 계심을 믿습니다. 이 시간에, 주님께서 다시 오시는 그날까지 주님만 의지하는 저희들이 되겠다는 거룩한 다짐을 하도록 도와주시옵소서.

예수님의 이름으로 기도드립니다. 아멘.

4_더하시리라

22. 나라와 사회를 위하여

22 | 나라와 사회를 위하여

01 _화목하고 평안한 나라

하나님 아버지,

이 땅의 국민들을 보살펴 주시고, 가슴마다에 사랑으로 출렁이게 하시옵소서. 오직 나라를 사랑하는 마음으로 하나가 되게 하시며, 한 음성으로 국가와 이 민족을 위해서 기도하게 하시옵소서.

우리 민족이 사랑으로 뭉쳐져 화목한 백성들이 되게 하시옵소서. 개인마다 사랑의 가슴으로 서로를 대하게 하시며, 가정마다 평강이 넘쳐서 즐거움으로 이웃을 대하게 하시옵소서. 사람들이 서로를 대할 때, 사랑의 마음으로 만나게 하시며, 존귀하게 여기게 하시옵소서.

사랑과 존경으로 말미암아 모든 이들이 화목한 나라를 이루어 가게 하시옵소서. 사람들의 가슴이 하나님의 사랑으로 적셔지도록, 저희들이 먼저 사랑으로 섬기게 해 주시옵소서. 이 나라에 하나님의 영이 충만히 임재하기를 빕니다. 나라를 위해서 열심을 내게 하시는 하나님의 영이 심령에 충만하기를 빕니다.

우리 백성에게 그리스도의 보혈이 적셔지기를 기대합니다. 저희들은 어두운 데 있는 이들에게 빛이 되어 주고, 맛을 잃은 이들에게 소금이 되어 주게 하시옵소서. 우리가 누리는 하나님의 평안을 그들에게도 베풀어 주고, 나누어 나의 조국에 평안이 넘치게 하시옵소서.

예수님의 이름으로 기도드립니다. 아멘.

02 _나라에 봉사하는 대통령

하나님 아버지,

이 겨레를 축복하셔서 대통령을 주셨음에 감사드립니다. 국가를 위하여 세우신 대통령을 인도해 주시옵소서. 한 나라의 번영과 보존을 위해서 특별히 지도자를 세우셨으니, 그가 하나님을 따르게 하시옵소서.

사회의 혼란이 더욱 부채질화 되고, 나라의 미래를 어둡게 하는 상황들이 일어나는 것을 보면서 기도하지 않은 죄악을 회개합니다. 하나님의 뜻이 이루어짐에 민감하지 못하였음을 용서해 주시옵소서.

대통령이 국가를 섬기는 겸손한 일꾼이 되어, 하나님의 뜻이 펼쳐지는 나라를 만들도록 도우시기 원합니다. 이 나라와 이 민족을 섬기려는 마음을 갖게 하시옵소서. 개인보다는 나라를 먼저 생각하고, 헌신하는 자세를 품게 하시옵소서.

대통령이 먼저 하나님을 두려워하게 하시옵소서. 여호와께서 그의 손에 나라와 백성들을 맡기셨음을 잠시라도 잊지 않게 하시옵소서. 하나님께 겸손하고, 나라에 헌신하게 하시옵소서. 자신의 명예를 얻기 위한 이기적 야망으로부터 자유롭게 하시옵소서. 하나님께서 세우신 지도자이니, 그의 마음에 나라와 민족들을 향하여 정의를 펼치려는 소망을 품게 하시옵소서.

예수님의 이름으로 기도드립니다. 아멘.

03 _위정자들의 국가를 위한 헌신

하나님 아버지,

우리나라와 국민을 위하여 정치제도를 세워 주셨으니 감사드립니다. 위정자들이 국민의 뜻을 대변하여, 수고하게 하시니 감사드립니다. 그들이 하나님을 두려워하며, 나라를 위하여 봉사하게 하시옵소서.

최근의 우리나라의 상황은 나라의 발전을 위한 정치권 견해 차이가 너무 심해서 갈등을 보이고 있습니다. 이대로 가다가는 극단적인 대결로 치달으면서 국민의 불안감이 가중될까 두렵습니다.

나라를 위하여 부름을 받은 위정자들에게 한시라도 자신의 신분을 잊지 않게 하시옵소서. 국가의 미래와 국민들의 평안을 위해서 헌신하는 마음을 갖게 하시옵소서. 자신의 유익이나 자신이 소속된 정파의 이익을 위해서 대립하지 않게 하시옵소서.

위정자들이 정치를 해 나가되 누가 누구를 지배하고 호령하기 위한 정치가 아니고 서로 이해하고, 질서 있게 살아가는 지혜를 주시옵소서. 위정자들의 봉사로 이 나라가 더욱 든든해져 가게 하시옵소서.

정치가들의 주장은 정쟁의 차원을 넘어 치유 불가능의 상처를 서로에게 줄 수도 있는 상황에 이르렀으니 저들의 가슴을 어루만져 주시옵소서. 성령님의 역사가 임하여 모든 이들이 국가의 통합과 계층 간의 조화로운 일치를 위해 봉사하도록 이끌어 주시옵소서.

예수님의 이름으로 기도드립니다. 아멘.

04 _공무원들의 청렴과 겸손

하나님 아버지,

나라와 민족을 위해서 무릎을 드리게 하시니 감사드립니다. 나라가 발전되어 가는 과정에서 원하지 않게 사람들의 생각과 주장이 대립되어 상처를 입고 있습니다. 하나님의 영이 이 백성들에게 임하여 국가의 화평과 통합을 위해 기여하는 가슴들이 되게 하시옵소서.

이 나라를 위하여 행정부를 허락하심을 감사드립니다. 나라의 번영과 국민의 복리를 증진하기 위해, 정부에는 많은 행정부서가 있습니다. 이 시간에는 각각의 행정부서를 책임지고 있는 각료들을 위하여 기도드립니다. 각료들이 언제나 하나님 앞에서 맡은 일에 충실하게 하심으로써 더 좋은 나라가 되도록 도와주시옵소서.

세우신 위정자들을 통하여, 이 나라를 다스려 주시기 바랍니다. 하나님의 공의가 위정자들에 의하여 나타나게 하시고, 그들은 오직 나라와 국민을 섬기는 자세로 충성하는 일꾼들이 되게 하시옵소서. 또한 세계의 모든 나라 사이에 평화를 도모하면서 아름다운 지상을 만들기에 헌신하는 일꾼들이 되게 하시옵소서.

그들이 일을 할 때, 그들의 의지에만 맡기지 마시고, 주님의 지혜와 주님의 능력으로 집행하도록 도와주시옵소서. 맡은 일을 감당하기 위해서 공부하며, 목적을 이룰 수 있는 실력을 갖추게 하시옵소서.

예수님의 이름으로 기도드립니다. 아멘.

05 _민족의 복음화

하나님 아버지,

이 나라의 백성들을 바라보면서 머리를 숙였습니다. 이 민족을 통해 기대하시는 하나님의 역사를 보여 주시옵소서. 우리 믿는 자들과 교회가 일어나서 민족적으로 복음이 증거되기를 기도하게 하시옵소서.

이 사회가 혼란스러워가고, 인간 본연의 윤리가 훼손되어 가는 이때, 주님만이 저희에게 치유가 되고, 소망이 됨을 믿습니다. 저희들이 주님을 믿고 구원에 이르러 생명의 기쁨으로 살아가듯이, 이 민족의 황폐해진 가슴을 주님의 보혈로 적셔 주시옵소서. 이 민족의 복음화를 바라보게 하시옵소서.

이 땅에서 하나님의 뜻이 선포되고, 주님의 나라가 이루어지기 위하여 기도하는 믿음을 주시니 감사드립니다. 원수를 미워하지 않으며, 달라는 이들에게 거저 주는 삶의 나라가 이루어지기를 원합니다.

저희는 전에 죄로 말미암아 하나님과 원수가 되었습니다. 그러나 주님께서 보혈의 공로로 하나님과 화목하게 하셨습니다. 모든 사람들이 저희를 하나님과 하나 되게 하신 주님의 사랑을 내 주변의 이웃과 나누기 원합니다.

그래서 마음과 마음이 연결되고, 나라와 나라가 연결되어 하나님의 뜻이 이루어지는 큰 나라가 되게 하심을 믿습니다.

예수님의 이름으로 기도드립니다. 아멘.

06 _정직하고 공의로운 사회

하나님 아버지,

이 사회를 지키시는 하나님을 찬양합니다. 똑똑한 사람들이 있어서 사회가 지켜지는 것이 아니라, 하나님께서 다스리시기 때문임을 기억합니다. 하나님께서 의로우신 것처럼, 사회를 이루는 모든 이들이 의롭게 살아가기를 소망하게 하시옵소서.

사회의 구성원들이 서로를 배려함으로 대하는 사회를 만들어 가게 하시옵소서. 서로를 사랑하고 존경하는 사람들의 사회가 되게하시소서. 무엇보다도 하나님의 말씀 앞에서 두려워 할 줄 아는 저희들이 되게 하시옵소서.

우리 사회의 다양한 사람들을 위해 기도합니다. 누구든지 사회를 소중히 여기며, 자신의 이익은 버리고, 다른 사람의 이익을 위해 애쓰는 사회를 꾸려 나가게 하소서. "오직 공법을 물 같이 정의를 하수 같이 흘릴지로다."라는 말씀의 성취를 이르게 하시옵소서. 자신의 이익을 얻으려 하기 때문에 법을 어기 게 되는 것을 봅니다.

주님을 믿는 저희들이 먼저, 하나님의 정의를 실천하는 일꾼들이 되게 하시고 삶속에서 예수님의 사랑임이 드러나는 정의로운 나라가 되게 하시옵소서. 저희들이 나라와 민족, 이 사회를 위해서 눈물로 기도하며 나아가게 하시옵소서.

예수님의 이름으로 기도드립니다. 아멘.

07 _분단된 남북의 통일

하나님 아버지,

우리 한반도와 이 겨레에 하나님의 은혜가 넘치기를 소원합니다. 이 땅에 복음이 들어 온 이래로, 하나님의 자녀들에게 기도하게 하시고, 나라와 겨레를 위해서 눈물의 무릎을 꿇게 하셨음에 감사드립니다. 나라를 위해 간구하는 것을 기쁨으로 삼게하신 하나님을 바라봅니다.

갈라졌던 땅이 통일되어서 살아가게 하시옵소서. 한 언어를 쓰고, 한 땅에서 살아가는 백성들이 이념과 체제의 분단으로 나뉘었음을 불쌍히 여겨 주시옵소서. 공산치하에 있는 북쪽의 백성들에게 하나님의 자비가 나타나기를 빕니다.

얼어붙은 강토에 주 예수님의 보혈이 적셔지고, 그들의 가슴에 그리스도의 은혜가 임하여 하나님께로 돌아와 통일이 되게 하시옵소서. 지구상에서 유일하게 폐쇄되어 있는 북쪽의 땅을 열어 주시옵소서. 이로써 이 땅에 안보 불안이 해소되고 한반도의 핵위기가 평화적으로 해결되게 하시며, 평화와 통일을 이루어 주시옵소서. 이산가족이 되어 흩어져 있는 민족을 다시 하나로 만나게 하시옵소서.

우리는 이 땅에서 일어난 전쟁이 얼마나 참혹한 결과를 가져왔는지 잘 알고 있습니다. 다시는 전쟁이 없고 국민의 안보 불안이 해소될 수 있도록 국민적 합의를 이끌어 낼 수있는 지혜를 허락하여 주시옵소서.

예수님의 이름으로 기도드립니다. 아멘.

08 _공공시설의 보호

하나님 아버지,

저희들의 삶을 유익하게 해 주는 시설들을 구비해 주셨음에 감사드립니다. 사회적으로 여러 시설들이 설치되어 있어서 편리하게 지내고 있음에 하나님을 찬양합니다.

이제, 이러한 시설들을 대할 때마다 감사하는 마음으로 사용하게 하시옵소서. 아울러 내 것이라기 보다는 우리 모두의 것이므로 잘 관리하려는 마음을 갖게 하시옵소서.

하나님의 은혜가 저희들로 하여금 공공시설에 대한 청지기적인 사명을 갖게 해 주시기를 빕니다. 내가 사용을 하든지, 다른 사람들이 사용을 하든지 아끼는 마음을 갖게 하시옵소서. 우리의 삶을 편리하게 해 주는 도구들이기에 함께 살아가는 이들에 대한 배려의 마음으로 공공시설물을 바라보게 하시옵소서.

공공시설을 보호하는 것에서 그리스도의 향기를 나타내는 저희들이 되게 하시옵소서. 내 집에 있는 물건의 하나와 같이 여기게 하시고, 사용할 때마다 감사의 마음을 갖게 하시옵소서.

공공시설이 깨끗하게 관리되고, 고장이 나지 않도록 살피는 마음을 갖게 하시며, 좋게 보존되도록 관리하는 마음을 주시옵소서. 이로써 하나님의 사랑을 삶의 현장에 나타내게 하시옵소서.

예수님의 이름으로 기도드립니다. 아멘.

09 _부정과 불의가 없는 사회

하나님 아버지,

사람들이 살아가는 이 땅에 많은 나라를 세우신 하나님의 위대하심을 찬양합니다. 그 많은 나라들 가운데, 아름다운 강산의 우리나라를 세우셨으니 진심으로 감사드립니다. 봄, 여름, 가을, 겨울의 사계절이 있는 땅에 대한민국을 세우신 하나님께 감사드리는 민족이 되기 원합니다.

이 시간에, 저의 입술을 열어 주셔서 성경에서 말씀하시는 것들을 고백하게 하시고, 저의 마음을 다하여, 악을 버릴 수 있도록 도와주시옵소서. 제가 마음을 다하여 믿는 것들을 생활로 옮길 수 있는 용기를 주시기를 원합니다.

비록 큰 것만이 아니라, 아주 사소한 일일지라도 주님께서 미워하시는 일들을 버리기 원합니다. 저 자신의 이익을 얻기 위하여 다른 사람에게 손해를 끼치는 못된 행실에서 떠나게 하시옵소서. 저 혼자만 잘 되겠다는 욕심으로, 이웃을 돌아보기를 거절하는 죄에서 떠날 수 있는 용기를 주시옵소서.

이 땅에 하나님의 정의가 넘쳐나게 하시옵소서. 이를 위해서 예수님의 가르치심에 복종하는 새로운 사랑의 생활을 세워가게 하시며, 현실의 모든 병폐가 사라지고 형제와 같이 서로 봉사하는 즐거운 날이 동터 오게 하시옵소서.

예수님의 이름으로 기도드립니다. 아멘.

10 _ 나라를 사랑하는 백성들

하나님 아버지,

우리 한민족으로 하여금, 하나님을 믿고 경외하며 의지하고 순종하며 사는 나라 백성들이 되게 하시옵소서. 백성이 그리스도 안에서 한마음 되게 도우소서. 또한 서로를 형제와 자매로 바라보면서, 사랑으로 대하며 아끼고 보듬으며 주님이 주인이 되는 따뜻한 나라를 이루며 살게 도와 주시옵소서.

저희들이 참으로 하나님 앞에서 나라를 사랑하는 마음을 지니도록 도와주심을 믿습니다. 어려서부터 수없이 불러왔던 애국가를 새 마음으로 부르게 이끌어 주시고, 나라를 위하여 어떤 사람이 되어야 할 것인가를 늘 생각하며 지낼 수 있도록 도와주시옵소서.

간절히 바라기는, 주님의 다스리심을 기다리는 나라가 되기를 원합니다. 모든 사람들이 지켜주시는 하나님을 찬송하며, 손에 손을 잡고 나라의 앞날을 위해 기도하게 하시옵소서. 하나님의 영광을 선포하는 나라를 만들기 위한 기도를 쉬지 않도록 이끌어 주시옵소서.

우리 모두가 주님이 허락해 주신 대한민국의 고유한 문화와 예술을 사랑하는 백성이 되도록 인도해 주시옵소서. 남을 해하거나, 남에게 해함을 당하지 않으며, 지으시고 세워 주신 분의 뜻을 이루어 드리는 우리나라가 되게 하시기를 빕니다.

예수님의 이름으로 기도드립니다. 아멘.

11 _ 국민의 하나 된 단결

하나님 아버지,

이 시대와 이 나라가 주의 손에 달렸사오니 이 나라를 귀히 여겨 주시옵소서. 이 백성들의 부르짖음을 들으시고 탄식의 눈물을 닦아 주시옵소서 정치와 경제와 사회윤리가 바로 서고, 사람의 생각에 의해서가 아니라 하나님의 섭리에 의하여 다스려지게 하시옵소서.

이 민족이 위로 하나님을 사랑하게 하시고, 이웃을 내 몸과 같이 사랑하게 하옵소서. 저희들이 윤리 도덕적으로 바로 서고 바른 마음과 바른생활과 바른 신앙을 갖게 하여 주시기를 빕니다. 그리하여 이 민족이 죄의 사슬에서 벗어나게 하시고, 각 분야에서 참된 부흥발전과 희망이 있는 민족이 되게 하옵소서.

이 백성을 불쌍히 여기사 살아계신 참된 하나님을 알고 섬기게 하여 주시옵소서. 평화를 위해 기도하게 하시고 평화의 분위기를 만들게 하시옵소서. 하나님의 평화의 사절로서 온갖 노력을 다하게 하시옵소서. 주님의 강물 같은 평화가 내게만 아니라 이 민족과 온 누리에 가득 차게 하여 주시옵소서.

모든 사람들이 사랑과 화해의 정신을 갖게 하시며, 민족이 한 가족처럼 함께 살게 하시옵소서. 정의가 깃든 평화를 이루게 하시옵소서. 그리하여 우리에게 주신 구원을 늘 찬양하게 하시옵소서.

예수님의 이름으로 기도드립니다. 아멘.

개인기도│중보기도
응답 받는 축복기도문

개정 1쇄 인쇄 2025년 11월 10일
개정 1쇄 발행 2025년 11월 14일

지은이 한치호
발행인 황경자
펴낸곳 도서출판 두돌비
주 소 서울시 중랑구 동일로 107길 12
전 화 02-964-6993
팩 스 02-2208-0153
등 록 2006.08.017 제 2006-12호
E-mail : books153@hanmail.net

ISBN 978-89-85583-31-2

- 이 출판물은 저작권법에 의해 보호받는 창작물이므로, 무단 복제와 무단 전재를 할 수 없습니다.
- 잘못된 책은 구입하신 곳에서 바꿔드립니다.